清心的人有福了！

因為他們必得見神。

（太五 8）

靈修著作精選

敬虔操練13課

羅慶才 著

基道出版社

▼

靈修著作精選

敬虔操練 13 課

13 Lessons in Christian Spirituality

作者

羅慶才 Lo, Hing-Choi

責任編輯

羅慧琪

裝幀設計

奇文雲海 · 設計顧問

■

出版／發行

基道出版社

香港沙田火炭坳背灣街 26 號富騰工業中心 10 樓 1011 室

LOGOS PUBLISHERS

Unit 1011, 10/F, Fo Tan Ind. Centre, 26 Au Pui Wan St., Shatin, Hong Kong

電話：(852) 2687-0331 傳真：(852) 2687-0281

網址：https://www.logos.com.hk

承印

陽光（彩美）印刷有限公司

●

5/2014 初版

Cat. No. LP652A

ISBN: 978-962-457-475-3

Printed in Hong Kong

刷次	10	9	8	7	6	5	4	3		
年份	2030	2029	2028	2027	2026	2025	2024	2023	2022	2021

自序

容許我在這裏為這書的由來稍作解釋，並分享一點個人感受。

緣起

這書內所收錄的，是我在二○一二年於教會宣講的講章，當年教會的主題是「敬虔生活」。藉著主日講壇，我向會眾講解不同屬靈操練的形式、方法和途徑，並教導會眾如何實踐。所以，它們都是理論與實踐並重的。

自問對屬靈操練這課題認識不深，為了裝備自己，免得墮入濫竽充數和自欺欺人的荒謬中，便著手搜集相關資料，嘗試擴闊自己的視野和加深理解。這段日子，可說是自牧會以來得益最豐富的。在過程中，重新接觸一本經典之作，就是傅士德（Richard J. Foster）所著的《屬靈操練禮讚（增修本）》（*Celebration of Discipline*〔Revised Edition〕；香港：學生福音團契，2001），這是一本內容很豐富的書，不論是初信者，還是信主經年的同道，都能從中獲得啟迪。這系列講道的框架，也是來自這書。

此外，多年前曾聽聞依納爵（Ignatius of Loyola）的《神操》（*Exercitia Spiritualia*）是何等博大精深的靈修傳統，且對教會發展有深遠的影響，只是當時對此沒有特別注意，也就輕輕放下了，今天回想起來，確實有點可惜。現在，當要為教會的講道作預備時，便趁此機會嘗試對這《神操》傳統作初步認識。依納爵的屬靈操練也為這系列的講道，提供了部分內容的框架。

操練的理由

屬靈操練，所為何事？在今天忙碌的生活和事奉中，我們連喘息的時間也幾乎沒有，何來額外的時間和精力作甚麼操練？在這樣的環境下實踐操練的話，是否會為信徒製造額外的負擔和拉扯，因而帶來反效果，如耗盡（burn out）？它到底會為信徒帶來甚麼益處？這些問題，相信是每個信徒面對操練的要求時都會提出的。

就我個人而言，我所理解的屬靈操練，最終的目的是與主更緊密地同行，所以目標是在基督身上，而並非我個人是否能得益。如何能夠在一個現代化、步伐急促的都市中與基督同行，是每個信徒都需要面對的問題。在與主同行的過程中，有一個很基本的需要，就是能察覺主的臨在。雖然正如約翰福音所言，神是靈（四 24），是肉眼無法看見，肉身無法碰觸的，但不要因此以為，察覺基督的臨在是很虛無飄渺的一回事。因為祂的臨在確實是可以察覺和辨別的。只是信徒都是血肉之軀，受「困」於肉身有限的感官以內，所以必須有方法衝破這個「繭」，才能開始察覺基督的臨在。這是屬靈操練中很重要的一個向度。

我相信，不論哪個靈修傳統，不論哪種操練方法，最終的目標就是訓練信徒能夠有敏鋭的觸覺，在瑣碎的日常事務中，經歷基督的同在所帶來的滿足和平安。屬靈操練不會為我們解決生活的難題，但它可以帶給我們有深度的視野，幫助我們看清事情的真相，從而作出適當的取捨。

心路歷程

其實，寫這書內的講章的過程，某程度上，是一段很個人的經歷。

我的「出身」是舊約研究，對舊約的神學及文化背景的興趣尤其特別濃厚。但自從二〇〇三年放下教鞭回港事奉後，便開始調校自己，放下了自己所醉心的學術鑽研，踏上堂會牧養之路。這過程，說難不難，但說易也不易。十年過去，已逐漸適應堂會的事工規律和模式。現今回望，令我驚訝的是，這轉變竟然是我踏上屬靈操練之路的第一步。

過去，從學術角度來讀聖經，當然樂趣無窮，因為求知是一個永遠不會「飽足」的過程，每點認知的亮光都會引向更大的求知慾。但站在牧會的角度來看聖經，就認識到聖經話語陶造人的威力；這些千百年前寫下的著作，其實是神對人心靈的呼喚，要我們走向祂，走近祂。當我們認真地愛祂的時候，這是最自然不過的事。

在教會牧會的這些年間，在講壇上宣講的道，包括使徒信經、聖靈果子、十誡、主禱文、八福等這些基本的題材，其中有些是很基本的「教理問答」中的「必修科」，是信徒靈命造就的基礎。在宣講的過程中，因為要經過思考、整理、消化，自己當然獲益不少。講道者的第一個聽眾其實就是自己，而在聽道行道的大前提下，講者自然要先嘗自己的「藥方」。因此，講道中所介紹的各種形式的操練，我都嘗試過，且仍在學習和實踐中。

在二〇一二年準備每篇講章的過程中，體會到其中的挑戰；要講好這系列的道，殊不容易。在這些年間，我都會盡力作最充足的準備，所以也花上不少時間。然而，在準備屬靈操練系列的講章時，就感到有點吃力，因為在這課題上，所知的確實有限，而實踐的經驗也十分淺薄。但在過程中，卻自覺生命中起了一些變化。當我學習和探索屬靈操練的各個向度時，內心覺得似是有點觸動和催促，驅使我要更努力地學習和實踐。這感受並非只是來自好奇心，而是覺得基督在呼喚我向祂靠近，祂正在要我更深地進入祂的同在中去經歷祂、認識祂、領受祂，與祂相交、團契。

現在回望當時的經歷，我開始領略到一點，就是這十年的事奉與其說是我為回應神的呼召而付出，不如說是神在呼喚我，用祂的方法把我拉近祂身旁。祂期望從我得著的，不是我的服事和勞苦（我能獻上甚麼呢？）。祂要得著的，原來是這卑微、生命中有跌倒的、傷痕的我。我終於明白為何神要帶領我走這條事奉的路了；原來這是一條「朝聖」的旅程，從生命的困頓中，走向聖父懷中的釋放！

我感謝主，在我的事奉快將劃上句號時，給我這寶貴的體會和領悟。

與主同行

多謝基道出版社願意出版這書，多謝羅慧琪姊妹細心的審閱和編輯，使內容更臻完善。

最後，謹以此書獻給已安息主懷的爸媽。在一九九四年三月，爸爸因心臟病猝然離世，約十個月後的一天下午，媽媽因感到疲累，在沙發上坐下休息時亦隨他而去。在這二十年間，每逢想起雙親時，浮現心中的是兩幅圖畫：父親在早上清閒的時間，坐在家中客廳，捧讀聖經和禱告，他本來讀書不多，卻有一份單純的追隨主的心；母親則說話不多，記得我還在唸神學時，每逢週末回到家中，在出發前往實習教會前，總有機會在家中閒坐，那時她也是默默地坐在一旁。二十年了，人間經歷幾許變幻，頭上青絲亦已斑白，但惟一不變的，是親情，更是上主的恩情。若不是祂，我又如何能走到如今？

親愛的讀者，屬靈操練是一條需要付出和捨棄的路，但這條路所引向的，是神更深、更真實、更豐富的同在。

邀請你，與我同行！

羅慶才

二〇一四年三月初

於大嶺下

目錄

1
在敬虔上操練自己
敬虔生活的操練

提摩太前書四章 7 節下至 9 節

香港一家專門售賣二手手袋的商店，在二〇一二年五月初公開招股上市。在招股首日，已經超額認購二百九十二倍，業界中人估計最終認購可能超額五百倍。這家二手手袋店專門售賣一些富豪太太們從未用過或稍為用過的名牌手袋，將它們轉售予一些崇尚名牌的女士們。有評論員在報章刊登文章，指出現時全世界雖然正處於七十年來最嚴重的全球經濟衰退已有數年，可能還要更長的時間才可望見光明，而「在這世界經濟史上最嚴峻的時刻，她們仍然癡迷於妝容和二手名牌手袋」。這位評論員說，造成這現象的原因有很多，其中之一就是「我們仍未分清『想要』（wants）和『需要』（needs）的東西，在我們認清此中分別前，地球將會被推到一個很危險的境地」。這位評論員以〈瘋狂的世代〉作為這篇文章的題目。[1]

在這個瘋狂的世代中，基督徒該如何生活？基督徒如何能夠維持屬靈生活的穩定？當這個世界愈瘋狂，敬虔生活就愈重要。

那麼，甚麼是敬虔生活？為甚麼敬虔生活需要操練？

操練的目的

「要在敬虔上操練自己」（提前四 7 下）來自保羅對提摩太的教導。提摩太是教會的領袖，甚至可能是牧者，所以保羅的教導就有教會牧養及教導、屬靈建立方面的意義。但正如很多新約學者所指出，這樣的教導必不會（或不能）單以教會的領袖或牧者為對象，因為教會整體的弟兄姊妹都有同樣的需要，也同樣需要回應敬虔生活的呼召。對提摩太本人而言，保羅的提醒確實有牧養方面的含義和作用。為甚麼？因為敬虔生活的操練，直接與教會牧養有關係。

這教導是在怎樣的背景下帶出的呢？就是在一個信徒的信仰及靈命面臨挑戰的處境中。保羅警告提摩太，要他作好防備，因為在末後的日子，必定有假教師出現，他們會用很多似是而非的教導，迷惑信徒的心（提前四 1～3）。面對這重大的挑戰，提摩太要忠心地把「信仰的話語」及「正確教義」，「提醒弟兄們」，這樣就是「基督耶穌的好執事」（6 節）。這話是針對提摩太在教會中的事奉而言，但對提摩太本人，保羅則提醒他「要棄絕那世俗的言語和老婦的無稽傳説」（7 節）。所謂傳説，相信是指那些導人迷信的教導，而且是世俗的和屬老婦的。這些形容反映這些言語或教導沒有任何造就性，提摩太本人要「棄絕」這些無稽之談。

那麼，甚麼是提摩太需要專注的呢？就是在「敬虔上操練自己」。倘若提摩太能夠如保羅所吩咐的，棄絕不造就人的教導，不單他本人不會這樣教導別人，也不應花時間與教導這些事的人爭辯和糾纏，並且善用時間，把有限的時間花在真正有益的事情上，就是操練敬虔。

談到操練，我們很容易聯想到保羅所喜歡用的運動或運動員的比喻（林前九 24 ～ 27；腓三 13 ～ 14）。保羅的時代就像今天，希羅社會對體育運動相當重視，運動員得到普遍社會人士的尊崇。在希臘人的思想中，運動與健康和教育有直接關係，所以運動的重要性往往超過純粹體格上的鍛煉。就運動而言，當時最常見的運動項目，包括一種類似現代自由搏擊的較量、拳賽及五項全能運動（pentathlon），其中包括賽跑、跳遠、擲鐵餅、標槍及摔角。因為希臘對運動的重視，所以在每個希臘城市中，必然有一個運動場，也有運動員受訓的地方體育館（gymnasium）。一個典型的訓練體育館，是由一組建築物構成，包括用細沙鋪成的訓練場、一座比賽用的運動場、演講廳或遊廊，讓到訪的哲學家及學者可以向年輕的運動員傳授知識，還有冷水及熱水浴室，並儲存按摩用的油及木糠的專用房間。

操練因此讓人聯想到運動員要接受的訓練，包括體能上、心志上、技巧上各方面的。在保羅心目中，他會視信徒的成長，如運動員為要於比賽奪標而接受的訓練一樣（林前九 24）。他說：「你們也要這樣跑」，所指的並不只是「跑」這動作，而是為奪標而接受的訓練（25 節）。中國一百一十米跨欄好手劉翔，在二○○八年八月十八日因傷退出比賽後兩日，在網誌上發表了一封公開信，提到由二○○四年在雅典奧運首次贏得一百一十米跨欄比賽起，他只有一個不可動搖的目標，就是要在祖國衛冕奧運冠軍。但為了這目標，他承受了很大壓力，以及生活上的困擾，他不能跟年紀一樣的人那樣，與朋友輕鬆聚會；對他來說，這是為奪標和衛冕冠軍所承受的限制。相信這就是保羅所說的節制（25 節）。

若操練身體是為了奪標，那麼操練靈性又所為何事？保羅的答案十分清晰，就是為了福音（林前九 23、27）。

認識敬虔

當保羅勉勵提摩太要在敬虔上操練自己時，他的出發點是甚麼？就是為了教會的好處。但何謂敬虔？

在教牧書信中，「敬虔」是個鑰詞，它在新約中出現的次數，大部分集中在這組書信中。透過這詞，我們可以認識到作者對基督徒的生活及道德倫理方面的見解及教導。基本上，敬虔的基礎是「基督事件」，即基督的被釘及復活（提前三 16）。敬虔包括兩方面，就是對神的認識或知識（六 3、5），以及與此相關的生活行為模式（四 8，六 11）。所以，真實的敬虔乃是產生自對神的委身、忠心，以及對信仰真道的教導與學習。總括而言，所謂敬虔生活就是基督徒的信仰、生活及行為的整體（徒十 1～2、35；彼後一 5～7，三 11）。在實踐上，敬虔就是指在日常生活中實踐使徒所教導的在行為上的具體指引（例如：多二 1～10）；這些行為指引在教牧書信中經常出現。除此以外，實踐敬虔要有堅定的心志，隨時為福音的緣故而受苦。

從保羅的教導，我們可以明白到敬虔生活並非自然而然的事，而是要花工夫時間去建立和發展的。這就是保羅用「操練」一詞的原因，如我們不應奢望單吃維他命丸就能使身體健康一樣，我們也不能有僥倖的心態，以為在不知不覺間，敬虔生活能形成及發展。保羅對提摩太說：「要在敬虔上操練自己」（提前四 7 下），讓我們很清楚地看見，作為信徒，我們要刻意地選擇、參與、實踐敬虔生活的操練。在提多書二章 12 節，保羅也有同樣的教導，敬虔是經過訓練而來，而訓練信徒的就是「神救眾人的恩典」（11 節）。在這恩典的訓練下，信徒能一方面除去與生俱來的「不敬虔的心和世俗的情慾」，另一方面，能「在今世過克己、正直、敬虔的生活」（12 節）。

甚麼是敬虔生活的目標？若我們熟識保羅在加拉太書五章 22 至 23 節有關聖靈果子的教導的話，我們可以掌握到敬虔生活的目標是甚麼了。因為兩者是同出一轍的，敬虔生活是由聖靈掌管的生活。在提摩太前書四章 12 節，保羅勉勵提摩太要「在言語、行為、愛心、信心、清潔上」成為信徒的榜樣；這些都是敬虔生活的表現。此外，在提摩太前書六章 11 至 12 節，保羅也勉勵提摩太，一方面「要逃避這些事」，就是貪財，而在錢財的誘惑下，敬虔是最佳的防備（六 6～8）。不過單是逃避並不夠，因為基督徒的生命不能單靠「逃避」來建立，而是要積極地建立和培養正面的價值。所以另一方面，提摩太要「追求公義、敬虔、信心、愛心、忍耐、溫柔」，這些都是基督徒生命的質素和標誌，要得著這些，就只能靠在敬虔上操練自己。

操練敬虔

甚麼是敬虔生活的動力？就是一顆渴慕神的心，這是敬虔生活的起點，也是敬虔生活的終點。我們追求敬虔生活的動機，不能只是因為我們厭倦物質世界中種種纏擾和重擔，不能只是因為我們抗拒人浮於事這樣的生活模式，而是因為我們需要神，我們渴望更深地進入祂的臨在中。

詩人這樣說：「神啊，我的心切慕你，如鹿切慕溪水。我的心渴想神，就是永生神，我幾時得朝見神呢？」（詩四十二 1～2）這是我們耳熟能詳的經文，但它的意思是甚麼？第一，詩人表達他的渴慕，這渴慕是從詩人的心發出。「心」是一個很難用現代語言表達的字，但在這裏，我們可以理解它的意思是「人（生命）的深處」，所以，渴慕並不是流於表面的，而是發自極深的地方，也並非一般事物可以滿足。其次，詩人問：「我幾時得朝見神呢？」「朝見」其實由兩個動詞而來，就是「進入」和「瞻望」，兩個都是禮儀上的用語。「進入」就是進入聖所的範圍，有朝聖的含義。本來「瞻望」的意思是注視（gaze），但因為以色列信仰中沒有任何神像可供注視，所以瞻望只有象徵的意義，表示深入、深刻的經驗，就是我們所說的親近。與神親密的接觸，就是詩人的渴慕，而他最大的喜樂，是能夠「到神的殿裏……用歡呼稱頌的聲音守節」（4 節）。

總括而言，敬虔生活是人愛神的一種表示和流露。

為何要操練敬虔生活？因為這是神對在物質世界中生活的信徒的呼召。我們身處的世界，是一個已經被物質完全滲透和掌管的世界，那麼敬虔生活的追求，就是我們對「物質霸權」的回應。近日有報章報導指「港人愛炒股、炒樓，炒風更蔓延至小學。有傳統名校的學生家長打本六位數字讓兒子學炒股」。[2] 據報導，這名家長收入頗高，認為既然兒子長大後需學懂股票投資，倒不如提早教他。看完這篇報導後，筆者想這世界將來可能因此會多一個「股壇奇才」，但卻也很可能多一個生命沒有深度的人。

這是今天的世界，而操練敬虔生活的呼召，也就在這樣的世界中臨到我們，提醒我們，生命的內涵比外在的生活更重要。敬虔生活讓我們可以掌握到生命中真正重要的東西，就是正確的價值觀。這是保羅在提摩太前書六章 6

至 10 節的意思。保羅的話似乎給我們一個印象，就是貪財並非只是教外的人的問題，也是信徒所面對的誘惑（5 節下）。在這情況下，敬虔能夠抗衡來自這方面的物質引誘。敬虔生活的追求，讓我們認識到生命所需的一切，皆從主而來。這樣的知足，與對神的渴慕是完全一致的。

誰要操練敬虔生活？答案是所有信徒。《屬靈操練禮讚》（*Celebration of Discipline*）的作者傅士德（Richard J. Foster）在書中這樣說：

> 不要以為這些操練是屬靈偉人的專利品，超乎我們能力範圍之外；也不要以為它們屬於致力冥想的人，就是把他們全部時間用以禱告和默想的人。事實遠非如此。上帝的意思是，靈性生命的操練屬於平凡的人：就是那些有職業的人，要照料孩子的人，要在廚房裏洗碗、在後園剷草的人。事實上，這些操練最好在人際關係中實施。就是在我們夫婦、兄弟姊妹、朋友鄰里的關係中實施出來。[3]

當這世界愈世俗化，神呼召信徒要追求敬虔生活的催迫就愈強烈。基督呼召我們作入世的信徒，而不是作屬世的信徒。祂呼召我們要像葡萄樹的枝子常在葡萄樹上一樣，常在祂裏面。能「常在祂裏面」的途徑，就是追求和實踐敬虔生活。

總結

對現代人來說，操練身體大有益處。

現代運動員的收入，經常是個天文數字。根據美國《福布斯》(*Forbes*)雜誌的報導，世界體壇女子運動員中，舒拉寶娃(Maria Sharapova)於二○一一年連續第七年成為收入最高的運動員，她的收入達到二千五百萬美元。中國選手李娜，在排名榜上佔第八位，二○一一年的收入為八百萬美元。[4]男子運動員方面，根據美國《體育畫刊》(*Sports Illustrated*)的報導，收入最高的是老虎活士(Tiger Woods)，二○一一年的收入是六千二百二十九萬美元。[5]另有人計算過碧咸(David Beckham)一年的收入到底有多少：薪金一千萬美元、贊助費二千五百萬美元、球衣銷售估計一千萬美元、球會利潤分紅估計一千五百萬美元，合共六千萬美元。望見這些數字，誰會不羨慕？

但根據保羅的說話看來，這只是「會朽壞的冠冕」(林前九25)，相比之下，敬虔生活的操練就在「各方面都有益」，因為其中「有現今和未來的生命的應許」(提前四8)。有甚麼比這樣的應許更重要？我們並不是為今世的事而活，乃是為將來神的國度而活。

這就是我們學習操練敬虔生活的原因。我們若要在信仰的路走下去，就要好好地栽培生命，以致我們能承受神所應許、那不能朽壞的冠冕。我們可從最基本的層次做起，就是養成每日靈修的習慣。倘若你已經有穩定的靈修生活，筆者鼓勵你繼續持守，甚至再進深。但倘若你還未有這習慣，現在就是一個開始的好時機，在每日生活中抽出二十至三十分鐘，默想、讀經、祈禱。

今天，讓我們一同立志：我們愛神、渴慕神、需要神，因此我們立約恆切地在敬虔上操練自己。

禱告

主啊，祢竟然呼召卑微如我的人，與祢相近，這是何等奇妙！主啊，賜我們一顆渴慕這恩寵的心，叫我能逐步走近祢。阿們。

思考問題與實踐

❶ 你如何形容你對主的渴慕？

❷ 你對敬虔生活的認識有多少？

❸ 你要如何回應神對你的呼召？

2
你們來，同我歇一歇
進入與主的同在

馬可福音六章 30 至 31 節

在路加福音中，有一幅圖畫令人無限嚮往，就是馬利亞坐在耶穌腳前，聆聽祂教導的情景（十 38～39）。在耶穌前往耶路撒冷的路程上，祂來到了馬大和馬利亞的家中。馬大因為要接待耶穌，所以十分忙碌，但馬利亞則很安靜地「在主的腳前坐著聽他的道」（39 節）。馬大感到不滿，想耶穌吩咐馬利亞幫助她時，耶穌對她說：「馬大，馬大，你為許多的事操心煩惱，但是不可少的只有一件。馬利亞已經選擇了那上好的福分，是沒有人能從她奪去的。」（41～42 節）因為耶穌形容馬利亞所選擇的，是「上好的福分」，所以這話在我們來說，好像也邀請我們一同選擇這上好的福分。藉這話，耶穌向我們發出呼召，要我們進入敬虔生活的操練。

耶穌很歡迎馬利亞放下家務，在祂腳前「歇一歇」，耶穌也邀請門徒與祂進入「荒野」中「歇一歇」(可六31)。為甚麼耶穌要發出這邀請?祂邀請我們進入的,是怎樣的歇息?其中有何意義?

歇息的意義

門徒需要「歇一歇」,因為他們曾經忙碌工作。馬可福音六章 7 至 13 節是這段經文的前文,耶穌打發門徒到加利利周圍去醫病趕鬼,傳揚天國近了的信息。經過一段時間,門徒的工作完了,他們就回來向耶穌匯報工作的情況。報告完了,耶穌對門徒說了這話,因為「來往的人多,他們連吃飯的時間也沒有」(31 節)。這簡短的敍述,帶出接著的記載。有一大羣人相信是因為門徒的工作而「認識」他們,看見門徒走了,就「從各城步行,一同跑到那裏,比他們先趕到了」(33 節)。看見這些人,耶穌不忍心,便開口教導他們。結果到了日落平西的時分,又因為這些人都沒有帶食物,耶穌就用門徒所僅有的五個餅和兩條魚,餵飽了這一大羣慕道者。從這鋪排,我們看見耶穌的門徒經歷了兩件事:(一)他們帶著耶穌的權柄,奉祂的名出去,用說話和行動宣講天國近了的信息;(二)其次就是面對自己的缺乏和無能,最後需要耶穌的神蹟才能使飢餓的人得飽足。若第一件事叫他們興奮莫名的話,那麼第二件事會使他們感到自己的有限,也因而對耶穌的能力感到驚訝。在這兩件事之間,是耶穌的邀請:「你們來,同我私下到荒野的地方去歇一歇。」(31 節)

耶穌邀請門徒與祂一同休息，歇一歇。香港人的工作時間長，是舉世聞名的，所以我們都深知休息的重要。但聖經所講的休息，不只是暫停體力勞動，讓精神和身體有自我修復的機會這麼簡單。聖經，特別是舊約所教導的休息，有救贖的含義在其中。詩篇九十五篇 7 至 11 節就是例子之一：「所以，我在怒中起誓：『他們斷不可進入我的安息！』」（11 節）因為「安息」所指的是應許地迦南，所以安息所指的是（一）從為奴之家得釋放得救贖；（二）在曠野飄流的日子正式終結了。從這背景看來，似乎耶穌呼召門徒進入荒野，乃是進入神所應許的安息中。有學者甚至認為，當耶穌邀請門徒與祂一同進入荒野時，十二門徒就成了參與新的出埃及的羣體，領受神所應許的安息，是神的應許最終的實現。

為何門徒需要歇一歇，而且要在荒野？原因是「來往的人多，他們連吃飯的時間也沒有」（可六 31）。在這裏，我們看見耶穌的細心、關懷與憐憫。耶穌不是香港某些僱主，每日只付八小時的工資，卻要求工人做足十二小時。耶穌知道門徒的辛勞，耶穌知道門徒醫病趕鬼時與這些力量搏鬥是何等艱難，他們面對羣眾的要求和需要時，要付出的勞力和心力是何等大。經過了這段時間的辛勞，耶穌知道門徒需要歇一歇。在這邀請中，我們感受到耶穌的溫柔、呵護、關心和體諒。另一方面，相信耶穌自己也想花時間與門徒相處，好了解他們，認識他們，甚至訓練他們。因此，耶穌的愛和體諒，從「你們來，同我私下到荒野的地方去歇一歇」（31 節）這邀請，完全流露出來。

荒野地方有何好處，以致耶穌選擇這地方，與門徒歇一歇？好處就是這地方讓門徒能夠單獨與耶穌在一起。「荒野」不一定是蠻荒之地或深山野嶺，而是不容易進入的地方，是偏僻的、安靜的，不會受人騷擾。此外在荒野中，門徒能夠單獨與耶穌同在，向祂匯報工作的情況，聆聽耶穌的教導、指引、提點；在荒野與耶穌獨處，是學習、相交、傾吐、聆聽的時刻。這種相處，不能在人多的地方進行，不能在喧嘩嘈雜的地方進行，不能在生活的拉扯張力中進行，只能在「荒野」。相信耶穌自己已經深明此道，因為福音書中常記載耶穌獨自一人，在夜裏登山禱告，有時一去就是整個晚上（參可六 45 ～ 46）。祂自己經常進入荒野，領略其中的好處和甜蜜，祂願意這十二個撇下一切跟隨祂的人也能嘗到。

耶穌在門徒經過一輪衝刺後，邀請他們進入荒野。

進入歇息的路徑

歷世歷代以來，不少信徒都回應、接受耶穌的邀請，進入荒野中，與耶穌歇一歇。這些信徒的經驗匯聚成為一條廣博的河流，讓我們看見在荒野的生活，原來可以如此豐富和多姿多采。

近代靈修學者傅士德，曾把基督教敬虔生活傳統比喻為一條河流，由六大支流匯聚而成，而每一支流的源頭，都是耶穌基督。[1]

1. **默想的傳統**。這傳統所重視的，是禱告生活。目標是對於與聖父的同在有更豐富、更滿足的經驗，所追求的是與主親密的相處。這源於人對神同在的渴慕，這種吸引是難以解釋的，因而人願意藉操練來領受和經歷。
2. **聖潔生活的傳統**。「聖潔」這詞語常給人高不可攀、拒人千里的感覺，但這是不應有的誤會，因為這不是聖潔所指向的，也不是其目標。相反，聖潔所著重的，是內裏的更新，從更新中培養出正確的生活方式，或哲學傳統中所稱的美德。在希臘哲學中，美德所指的，是在適當的時候作適當的事。要達到這境界，我們需要培養一些良好的生活習慣。這些是生命的「潤滑劑」。在基督徒的美德中，基本的莫如信、望和愛。聖潔生活的傳統，就是尋求建立這些美德。
3. **靈恩的傳統**。靈恩的傳統注重實踐。它讓我們經歷到由聖靈的能力所推動的生命是何等奇妙。這傳統的目標是建立屬靈的品格，就是所謂「聖靈的果子」。這些品格是信徒過敬虔生活的動力。在這方面，靈恩傳統與聖潔生活的傳統是不能分割的。靈恩是一種經驗外，它所指的其實更是生活的動力，就是神藉祂的靈臨在祂的百姓中，塑造他們，建立他們，興起他們。靈恩傳統所教導我們的，是要留意聖靈在我們生命中的工作。
4. **社會公義的傳統**。顧名思義，這傳統所重視的，是人際關係及社會關係的公平及整全，即聖經所宣講的「平安」。這傳統教導信徒要學習和實踐憐愛（compassion）的功課。它早在舊約的先知運動已經出現；先知所發出的呼喚：公義、憐憫、平安（或整全），就是這傳統所追求的目標。社會公義的傳統呼喚信徒，要以尋求和建立社會公義為目標，過全方位的生活，即在個人、社會及制度三個層面上，為基督的名打美好的仗。

5. **聖言的傳統**。這傳統所著重的，是聖言的宣講，尤其是福音信息的宣講。這傳統的實踐是信徒見證基督的生活及行為。它有三大焦點：（一）忠心地宣講福音信息；（二）聖經是福音的忠實承載器；（三）初期教會信徒的見證，是福音信息正確的詮釋。這傳統呼喚信徒，要學習以聖言為信仰生活的核心。

6. **聖禮的傳統**。對我們來說，「聖禮」這詞語可能頗為陌生，但「道成肉身」就肯定能引起我們共鳴，而聖禮就是這意義的表達——用我們的生命，將肉眼看不見的聖靈體現出來。這傳統有一個信念，就是物質與聖禮並不相衝突，而是相輔相成的。因為神能透過或藉著屬物質的事物來彰顯自己，例如以色列的會幕或會幕中的約櫃，就是看不見的神的體現。為何這傳統被稱為「聖禮的傳統」，因為其中一大元素是集體敬拜。集體敬拜並不能與日常生活割離，敬拜的經驗必須延伸到我們日常的生活中，所以聖禮的傳統會直接觸及我們生活的層面，包括我們的婚姻、兒女、夫婦關係等。聖禮的傳統呼喚信徒以聖禮的方式和態度，來過每天的生活，因為我們每天所做的工作瑣事，就是聖禮。

以上的六大支流，就是我們可以與耶穌一同進入歇息的門路，也是操練與主同在、與主同行、作主門徒的途徑。耶穌不是呼召我們進入一些活動之中，一些特殊的事工裏頭，而是呼召我們學習與祂相處。這些靈性操練的支流，是要幫助我們更深地進入耶穌的同在中，能夠真正領略到其中的甜蜜。

回應歇息的呼召

耶穌呼召、邀請我們「同祂私下到荒野的地方去歇一歇」，在今天的社會，這樣的邀請值得回應嗎？有些例子令我們無法不停下來，細心思考和反省這問題。

筆者曾在報章上讀到一篇文章，關於一位媽媽使用與別不同的培育子女方法，就是讓自己的兒子「出家」一個月。[2] 這位媽媽確實有獨特的識見，不會怕年幼的兒子吃苦，反而鼓勵他自少培養出一種簡樸的生活態度。

被送「出家」的男孩只有七歲。這年紀的男孩必然是好動的，但因為要出家，他必須放下玩具，放下對媽媽的依賴，放下零食，暫別舒適的環境，去追求另一目標，就是良好、穩固的道德和心靈基礎，知道如何分辨是非對錯，以及一顆樂於助人的心。當然，出家對於一個七歲大的男孩來說，其實學不到很高深的東西。不過，這訓練可以讓他學到尊師重道、守戒、放生、掃地、托缽化緣，學習如何靜心，打下好的道德基礎。

這位媽媽的決定，給我們很大的提醒。當她周圍的人都忙著為自己的兒子進行「特訓」，恐防他們較別人落後，希望他們能在起跑線上就已經勝券在握之時，她卻忙於用佛學和坐禪來裝備自己的兒子面對這物質世界，如何在物質的誘惑中分辨真假對錯。我們當中為人父母者，尤其家中有年幼子女的，我們能作何回應？

二○一一年九月有一宗新聞，提及一處名為「鹿湖禪林」的地方。[3] 這地方本是不甚為人所知的，卻因為骨灰龕的問題，而引起市民的注意。鹿湖是大嶼山上最古老的修行禪林，有佛寺及道場數十間，是一處讓人可循不同方式進行禪修的地方。當中歷史最悠久的，包括鹿湖精舍和覺修寺，都有超過一百年歷史。據一些有禪修經驗的人說，禪修過程可以由參加者自定，在過程中有法師會帶頭唸經、講道和打坐，亦有做體力勞動，配合其他人的羣體生活，參與者從中探索自己心靈，尋回自我。在禪修中，參加者都要關掉手機，各人亦禁止說話和交談，總之就是把所有俗世事務全部拋諸腦後，才可領悟禪修境界。所以，有很多專業人士都會參加禪修。

這些追隨佛祖的人，只要一有時間，就會拋開俗務，去到深山中坐禪，他們在其中找到醫治和洗滌心靈的經驗。基督的追隨者反而會懷疑敬虔生活是否需要、實際和可行。這不是很諷刺嗎？

筆者特別要提醒已成家的弟兄姊妹，要將你們的家庭，藉著恆久的屬靈操練，分別為聖。我個人很羨慕那位把尚是年幼的兒子送去出家的母親，雖然是短短一個月，但這舉動讓我們體會到她有這眼光，看見她的兒子該走在甚麼道路上，該以甚麼為他一生的起點。當眾多母親都只顧培養自己的兒女與旁人競賽時，這位母親已經知道她的兒子所參與的競賽不在這些跑道上，而是在更重要、更有決定性的跑道上。作為基督徒父母，我們是否只是走別人所走的路，甚至甘心接受這個社會所定下的遊戲規則，按這些遊戲規則來培養兒女成長？當我們的兒女尚是年幼時，就在家庭中建立一座祭壇，將靈性操練的觀念、知識和實踐灌輸給他們，讓他們從小就成為耶穌的門徒，習慣與耶穌在曠野裏歇一歇，享受基督的同在。

總結

「你們來，同我……歇一歇」是何等體諒、溫柔、甚至情深的邀請！耶穌知道我們每日所經歷的拉扯和張力，祂知道豐裕的物質生活所帶來的，是更大的茫然和迷失，所以祂邀請我們與祂——不是與別的人或事——歇一歇，從祂那裏領略心靈世界中的種種奧祕。

所以，讓我們一同起來，到「荒野」去，與主歇一歇吧！

禱告

仁愛的主，讓我在祢裏面得著靈裏的充滿，使我不再渴慕從世俗而來的滿足。主啊，賜我內心的安息。阿們。

思考問題與實踐

❶ 在靈性操練上，你曾遇過甚麼困難？

❷ 你如何形容現時的屬靈狀況？

❸ 在靈性的成長上，你以甚麼為目標？

3
我何等愛慕祢的律法
默想的操練

詩篇一百一十九篇 97 至 104 節

唐代詩人賈島，寫了一首詩，題為《劍客》：

十年磨一劍，霜刃未曾試；
今日把示君，誰有不平事？

寫的是懷才不遇的挫敗感。開首一句，講出一個讀書人寒窗苦讀十年的堅忍和毅力，也反映讀書人在鑽研學問時心思的專注、目標的清晰、意志的堅定。因為他知道，花十年磨出一把利劍，若能貢獻國家，這是值得的。

「十年磨一劍」也可用來形容屬靈操練，因為屬靈操練就如磨劍，甚至如練劍一樣，不可能速成。倘若我們要認真地「磨」這把「劍」，可從何做起？我們可以默想作為起點，因為默想是心思意念的磨練，在屬靈操練上，是最基本的起點。

敬虔生活的起點

甚麼是默想（contemplation）？簡單而言，默想就是禱告的一種方式，所以操練默想就是禱告的操練。我很喜歡袁蕙文博士對禱告的分類：主動式和被動式的禱告。所謂**主動式的禱告**，其實是我們最慣常應用的禱告方式，就是祈求，把各樣的需要直接向神陳述，祈求應允。這是正常的，因為人活著有基本的需要。但久而久之，這種禱告漸漸不能滿足我們靈性的需要，因為我們都會渴望與神有更深入的相交。這時候，我們需要學習另一種禱告方式，就是**被動式的禱告**。袁博士以路加福音十章 38 至 42 節中所記載的馬利亞為說明例子，指出馬利亞安靜地坐在耶穌腳前，靜心聆聽，是被動式禱告的榜樣。在這階段的禱告中，我們學習放下對物質需要的專注，改變態度，專注於基督。「這種禱告著重安靜……默默地看著祂的面容，靜靜地聆聽祂的聲音。」換言之，我們藉著禱告來凝望基督，所以這種禱告也被稱為「默觀禱告」。在默觀禱告中，我們是被動的，我們不再需要在神面前說出任何的需要和掛慮，「我們只需全然放下自己，將心對準神，單單思想祂；我們惟一所做的就是等候」。[1]

我們如何能夠實踐默觀禱告？原來每當我們靈修讀經，也就已經進入默觀禱告中，因為每次我們讀經，我們都會撥出時間來思想、默念經文的意思，嘗試把聖言內在化。根據袁博士的解釋，這就是默觀禱告。早於教父時期，他們已經教導信徒默觀禱告的目的，是要把神的話語融入我們的生命中，帶來生命的轉化，建立我們的屬靈生命。

我們都很重視心靈的需要和狀態，而操練敬虔生活，也是要我們重視心靈的操練和塑造。所以，我們都應該學習默想或默觀禱告，作為操練敬虔生活的起點。

從聖經看起

在學習默觀禱告這方面，詩篇一百一十九篇 97 至 104 節應該能夠給予我們很多啟發。據研究詩篇的學者分析，這段經文位於整篇詩篇的中央位置，是全詩的核心。可見它特別之處，也難怪在這段經文中，詩人用上了華麗、豐富的修辭來形容神的律法，以及這律法對他的意義。

從詩人的話浮現出一幅很美的圖畫，值得我們注視，而我們從中也可以體會到默觀是甚麼。在這幅圖畫中，我們看見一個沉醉在默想中的詩人：「我何等愛慕你的律法，終日不住地思想。」（詩一一九 97）在原文，「思想」其實有低吟的意思，反映了投入和享受。另一方面，「思想」也可譯為「（如獅子）吼叫」的意思，相信這吼叫是出於喜樂和滿足，情不自禁所發出的歡呼聲。在詩篇一百一十九篇中，「默想」或「思想」這詞語共出現八次（15、23、27、48、78、97、99、148 節），但只有在 97

節中詩人的「思想」是「終日」的，可見對神的律法的思想或低吟，佔據了詩人生活的核心。

更值得我們注意的，就是當詩人談論到神的律法時，他所用的是愛情的語言。他說：「我何等愛慕你的律法。」（詩一一九 97）這是一句帶有感歎的說話，因為「何等」（how）反映詩人心中的愛慕有多深沉、澎湃和激盪，是難以形容的。他又說：「你的言語在我上膛何等甘美，在我口中比蜜更甜！」（103 節）這話固然令我們覺得，詩人把思想神的律法比喻作享受美食的滿足和喜樂。但我們不可不知，這句話其實也充滿了浪漫的情感，因為它令人聯想到一對愛侶的交談和親吻（歌二 3，四 11，五 16）。「甘甜」固然有味覺的刺激，但也很感性地形容愛侶間的親吻，是愛情的交流。換言之，當詩人思想神的律法時，他所經歷的，與愛侶之間的交談無異。由此可見，神的律法在詩人內心所觸動的，不只是思想上、理智上的滿足和興奮，也包括了情感上的滿足和興奮。這滿足，有如情人在談情說愛之時一同經歷的喜樂和滿足。

在這兩句充滿情愛的說話之間，詩人講述神的律法對他有何意義：神的律法使他有智慧（詩一一九 98～100），神的律法也保護他免入迷途（101～102 節），神的律法指導他選擇人生的方向（104 節）。神的律法如何產生這些果效？答案就是順服，因為詩人願意順服律法的教導，他的心思意念、行事為人就能被納入律法的軌道上，不會偏離、偏差，以致迷路。

認識默想／默觀

從詩人的話，我們可以對默想或默觀的操練，有以下認識：

1. 詩人明顯並非單用理性來思想神的律法，尋求理解、明白和學習，更是用心靈的眼睛，透過並藉著神的律法，來凝望神、觀看祂、親近祂、經歷祂，與祂產生生命的聯繫。這過程是**由理性開始，然後進到感性的層面**，而詩人的思想，有主動的尋求，但也是被動的，因為他的心思意念是完全由神來主導、掌管。

   從詩人的話，我們了解到默想或默觀並非新紀元運動中的冥想。其中最重要的分別是，默觀有一定的目標、中心和對象，就是三位一體的神。現代人雖然也注重心靈的需要，但尋求滿足這需要的方法，往往是一種沒有特定內容或對象的默想或冥想。詩人的榜樣提醒我們，若我們真的渴望心靈得滿足，能夠與神結連，那麼我們的默想就必須以祂為焦點和對象。

2. 默觀的操練是**愛神之心的流露**，因為默觀所表示的是人對神完全的降服，也是人對神完全的獻上。袁蕙文博士以一個很貼切的比喻形容，她說當一艘船要泊岸，船上水手會先把纜索拋給碼頭的工人，由他們把纜索固定在碼頭上，然後船隻才逐漸靠近碼頭停泊。這過程是船移近碼頭，而不是由碼頭來遷就船隻。詩人的體會也是如此；藉著他終日默想神的律法，他的生命就能緊靠神，在祂裏面安全泊岸。

有學者形容默觀是最超脱的一種敬拜方式，它可以榮耀神，可以帶領信徒更接近神，可以讓人更看到自己的不足和軟弱，看見罪的污穢，看見人的諸般努力是何等幼稚和渺小。從這樣的形容，我們就明白為何默觀可能是眾多屬靈操練方法中最基本的一種。

3. 默觀並非只限於一段時間，而是**持續的，滲透於生活的每一環節角落**。讀詩人的話，可能讓我們產生一個印象，認為他終日無所事事，只是反覆低吟著神的話語。若然如此，我們會發覺默想幾乎是無法實踐的功課，因為我們都無法完全停下手上工作，終日思想神的話。當然，在教會歷史中，很多修道傳統和方式都鼓勵甚至要求人要放下一切，進入默觀的修練。但在現實中，即使我們並非置身修道院內，也可以做到終日思想神的律法，實踐的途徑就是把默觀融入生活中，成為其中一部分，因為默想是要幫助我們活在神裏面。袁博士這樣說：「靈修操練就是學習如何將心『停泊』在神之內，而默觀禱告最基本的目的就是親近神，使我們生命的小船能找到安歇的港口。」[2]

倘若我們要把默觀融入生活中，我們就必須放下一些我們認為理所當然的事，如用手機上網，在街上、在交通工具中不停地進入網路世界，反而用騰出來的時間默觀神。觀看我們周圍的人，並細心注視他們的面貌；觀看街道上的事，在我們周圍發生的一切，藉此來默觀神如何臨在於這一切中，祂如何透過這一切來向我們說話。

實踐默想／默觀

若詩篇作者的話給了我們一個默觀的榜樣，那麼我們怎樣可以學習和實踐這種默觀禱告的方式呢？我們可以嘗試藉默想詩篇一百二十一篇來學習這操練。以下是簡單的步驟：

1. 我們可以「觀看」這篇詩篇的情境。作為一個剛在聖殿敬拜的人，面對回歸路，心中自然有很多不同的思緒迴盪著。當你「舉目」時，你看見的是甚麼？嘗試用心靈的眼睛觀看你的周圍，雄偉的聖殿、聖殿中出入的人羣。又用你的耳朵聽，人的聲音、敬拜者的聲音、牲畜的聲音。又用你的嗅覺，感受周圍的環境，人身上發出的氣味、獻祭的香氣、牲畜的氣味。再用觸覺感受你的周圍，聖殿的石頭、身體的碰撞、你身上的衣服。藉各樣感受，讓自己進入經文中。
2. 集中思想你內心的需要：在前面有漫長的回歸路，路上可能遇到的種種不測，如何應付？此時，讓你的心安靜，在安靜中，嘗試聆聽在你耳邊響起的聲音：「我的幫助從造天地的耶和華而來。」經過片刻後，你可以問主：「主啊，祢如何與我同在？」然後，把你心中的憂慮、恐懼、不安、煩躁等，逐一告訴祂。
3. 完結後，再安靜片刻，逐一思想經文中的「保護」，嘗試體會主的保護如何把你內心的種種疑慮驅除，然後將你的感受化作禱告，以順服和跟隨回應主的保護。

這種操練有把讀經與禱告相連的果效，其中要注意的，就是在默想前必須對經文的內容各方面有清晰的掌握，又要讓經文的內容導引你的思想和想像，否則會有過分主觀，或望文生意等毛病。

這是一種很有意思的操練，也值得我們認真投入操練。因為「操練身體，益處還少；惟獨敬虔，凡事都有益處，因有今生和來生的應許」(提前四 8，《和合本》)。

讓我們一同學習在禱告中，在靜默中，觀望主的容貌，聆聽祂的聲音，讓祂的臨在充滿我們的生命。

禱告

恩惠的主，賜我柔順的心，願意接受聖靈的陶造和充滿。主啊，賜我安靜的心，恬靜的靈，好讓能與祢相遇。阿們。

思考問題與實踐

❶ 詩人默想神話語時的喜樂，你渴慕能經歷嗎？

❷ 你願進入默觀的境界中，與基督更接近嗎？

❸ 有甚麼因素使你的內心無法平靜？

4
在那些日子祂沒有吃甚麼
禁食的操練

路加福音四章 1 至 2 節；馬太福音六章 16 至 18 節

有一段新聞十分震撼，也頗為令人不安，就是地球之友曾於二〇一二年到不同垃圾站調查超級市場丟棄食物的情況，發現香港四間超級市場，共六百五十間店鋪，每日棄置八十七噸食物，一年丟棄食物數量相當於二千輛雙層巴士，其中有三分之一食物是未過食用期的，超級市場的職員甚至在一些食物上倒漂白水，目的是不讓拾荒者取來食用。[1] 這豈不令人慨歎嗎？正是有東西沒人吃，有人沒東西吃。

在這樣浪費食物、糟蹋食物、對食物不稀罕的香港，禁食的操練有何意義？

從聖經看起

整體而言，聖經對禁食有何教導？

在舊約，除了要求人於贖罪日和一些特定的日子禁食外，禁食都是自發的，有以下的情況和作用：(一)**表達哀傷**(詩三十五 13)，特別是哀悼死者(撒下一 12，三 35)。詩篇三十五篇 13 節反映禁食的目的是「刻苦己心」，同時也有「穿麻衣」的禮儀，這情況在以斯帖記四章 1 至 3 節也有出現，可見與禁食同時進行的，是有一些禮儀動作。(二)**為罪懺悔**(王上二十一 27)，當時以色列王亞哈受王后耶洗別的慫恿，霸佔了耶斯列人拿伯的葡萄園，神差遣先知以利亞到他那裏，宣告亞哈家必定滅亡的信息。亞哈聽後，就如經文所記載的，作了一連串的行動，其中包括禁食。這是為自己的過錯表示懺悔(29 節)。(三)**禱告**，這是最常見到的情況，大衞是個例子。他搶奪了烏利亞的妻子拔示巴，並且誕下一個兒子，神對此十分忿怒，所以藉先知拿單説，這孩子必定死(撒下十二 14)。後來這兒子真的患了重病，於是大衞就「為這孩子懇求神。大衞刻苦禁食」(十二 16)。

在舊約先知書中，禁食與認罪悔改有莫大的關係。耶利米書三十六章 6 節，耶利米吩咐他的助手巴錄要在「禁食的日子」去到聖殿中，把耶和華傳給耶利米的話，在百姓面前宣講，因為耶利米本人被禁止進入殿內。耶利米盼望在這特殊的日子中，神的話會產生作用，以致百姓「的懇求達到耶和華面前，各人回轉離開惡道」(7 節)。約拿書三章記載尼尼微城的王宣佈禁食(6～9 節)，也有同樣的作用。當時尼尼微面臨極大的危機，就是城在四十日內就要傾覆，尼尼微王盼望百姓如此刻苦己心能感動神，撤回所宣告的災。

另外，以賽亞書五十八章 3 至 12 節反映先知對禁食的批判，幫助我們對禁食的屬靈意義有更深入的認識。先知提醒我們，禁食並非只是外表的行為，更是內心生命的操練和建立。經文引述埋怨神的人說：「我們禁食，你為何不看呢？」如較早前所提及，隨著禁食所進行的是連串外在行動（5 節），所以表面看來，別人會知道誰在禁食。既是這樣，為何神竟然看不見呢？但人如何知道神看不見他們在禁食呢？相信這與禱告是否得蒙應允有關；當禱告不蒙應允時，人就知道禁食沒有發揮作用。面對人的責備和埋怨，神回應，指出他們禁食不能算是真正的敬虔，因為在他們禁食的時候，他們還在欺壓人，引起爭訟。真正的禁食是甚麼？就是恩慈、良善和信實（6～7 節，9 下～10 節上）。禁食如獻祭一樣，若只流於外表，就只是假冒為善，自欺欺人。

這段經文反映禁食已經逐漸成為敬虔生活的操練，這情況延續到兩約中間。這是我們在新約中所看見的，如路加福音二章 37 節，亞拿似乎立下了一個榜樣，也創下了先河，就是在教會中的一些婦女，尤其是寡婦，以屬靈操練禁食祈禱來服事教會（徒六 1；提前五 5）。在保羅的教導中，似乎禁食是真使徒的標記之一（參林後六 5「飢餓」）。

若綜合這簡述，我們可以知道，在聖經中禁食並非一項定規的動作，禁食與否完全是個人的選擇。禁食雖然很多時候都與哀傷、認罪、或禱告有關連，但也可以有其他目的，所以很難把所有禁食的目的概括或統一起來。但有一點是十分重要的，就是禁食者必須很清楚了解自己禁食的目的和目標是甚麼。

耶穌禁食

在操練禁食的討論中，有一段經文特別有意義，就是耶穌在曠野受試探的記載。

聖經記載當耶穌還未展開祂的事工前，「聖靈把他引到曠野，四十天受魔鬼的試探」(路四 1～2)。為甚麼？其中最重要的，是要確立祂作為神兒子的身分，而魔鬼所提出的三個試探，也是針對這重點。在面對試探時，耶穌先後引述了三段申命記的經文，藉此宣告差祂到世間的聖父是祂事奉的惟一目標和對象，祂也會按聖父的旨意來完成所領受的使命。

聖經的記載把耶穌受試探放在一個四十天禁食的處境中，這點在馬太福音四章最為清楚(1～2、11 節)。耶穌禁食與祂受魔鬼試探有何關係？經文沒有說明。也許我們會以為經過了四十天禁食，耶穌的肉身和意志都十分軟弱，所以魔鬼趁這機會來試探祂。但這不一定，因為經過四十天禁食後，肉身雖然餓了，但靈性方面卻是最警覺的，意志也比四十天前更堅定，屬靈的目光更銳利，視野更清晰。所以經過四十天禁食的磨練，耶穌的靈命應該達到了最高峯。

這四十天禁食，很容易令我們聯想到摩西在西奈山頂上，領受神的誡命時，也是四十天沒有進食（出三十四28）。後來，他從山上下來時，一點也不軟弱，反而臉上發出令人不敢正視的光芒（29節），這光芒象徵摩西的靈命達到了顛峯。所以耶穌經過四十天禁食，肉身無疑是飢餓，但在靈裏祂卻是十分堅定，對自己的身分和使命，對自己所要走的路，所要選擇的事奉方式，都已經有十分清晰的掌握，以致不論魔鬼如何聰明，計謀如何狡猾，都不能勝過祂。

福音書沒有記載耶穌經常禁食。相反，根據路加福音七章33至35節，耶穌給人的印象，就是喜歡吃喝，尤其與稅吏、妓女和罪人一起吃喝。這段經文很有意思，因為比較耶穌與施浸約翰，約翰是個刻己的修道者，生活簡樸、嚴謹，但耶穌就給人「貪食好酒」的印象。在這背景下，耶穌在曠野禁食就特別有意義：在耶穌面前，是十架路上的「長征」，而祂在這段為期四十天的禁食中，踏出第一步。

禁食中的領會

若我們從禁食這角度來思考耶穌引述的經文，它們會有另一番意義。這些經文都來自申命記，而且被引述的，都不是隨意選用，而是有重點的。這三段經文反映昔日以色列人出埃及後，在曠野四十年行程中的三大失敗：

1. 耶穌引述的第一段經文，出自申命記八章 3 節：「人活著，不是單靠食物，乃是靠耶和華口裏所出的一切話。」這教導的背景是關於以色列人最大的失敗，就是**容易為食物憂慮、不滿、埋怨**；這表示他們的心仍眷戀著於埃及為奴的生活（參出十六章；民十一 4～6）。他們仍有奴隸的心，受物質和慾望轄制。
2. 耶穌引述的第二段經文，出自申命記六章 13 節：「你要敬畏耶和華——你的神，事奉他，奉他的名起誓。」這教導反映以色列的另一大失敗，就是**被外邦的宗教風俗吸引，不受約束**（出二十三 23～33；申十二 30～31），捨棄了救贖他們的耶和華，事奉敬拜別神。經文的上下文顯示，以色列追隨別神的原因，是因為受迦南地上豐富的資源所吸引。為要抗衡這引誘，摩西經常鄭重地提醒以色列要「敬畏」耶和華，「事奉」祂，並指著祂的名「起誓」，宣誓效忠。以色列的行為，反映了迦南的豐盛考驗以色列對神的忠誠和信靠。
3. 耶穌引述的第三段經文，出自申命記六章 16 節：「你們不可試探耶和華——你們的神，像你們在瑪撒那樣試探他。」「瑪撒」是甚麼地方？就是一個以色列人試探神的地方。在那裏，以色列人對神說：「給我們水喝吧！」（出十七 1～2）意思就是說：顯個神蹟給我們看吧！證明祢是神吧！所以摩西責備他們說：

「你們為甚麼試探耶和華呢？」(2節)摩西這話的目的，是要阻止他們**試探耶和華**，但百姓仍然堅持(3節)。這事例讓我們看見，生活的磨練和艱苦，嚴厲地考驗以色列對神的信靠和順服。

面對魔鬼的三大引誘和試探，耶穌引述了這三段經文作回應。藉這三大宣告，耶穌確立了祂的身分、使命，並所要事奉的對象。但若從禁食和敬虔生活的角度來看這三段經文，我們看見其中有三大信息：(一)人的生命不在乎食物；(二)人必須確立專一敬畏的對象；(三)人必須以信心順服神，願意接受艱苦的磨練。這三大宣告也同樣提醒我們，要在生命中確立誰是我們生命的核心。

在這四十天禁食中，耶穌清晰了解自己的身分和使命，也清晰了解生命的目標和重點，知道該如何實踐聖父所交託的使命。神的旨意是如此重大，而耶穌是在禁食的處境中明白和領受的。

操練禁食

聖經沒有規定我們要定期禁食，但我們若要展開這方面的實踐和操練，我們當怎樣行？綜合以上的討論，我們得出以下的原則需要謹守：

1. 首要的是，**神是禁食的惟一目標和對象**，任何其他的動機，都不能代替神的位置。這是耶穌在登山寶訓的教導(太六18)。禁食可能會帶來很多好處，但這些好處都不能成為禁食的動機。很多時候，禁食與禱告並行，但其目的必須是在禱告中更深經歷神，而不是為要得著某種特殊的經驗，或想增加神垂聽應允的可能性。禁食不會使我們更有「法力」，更超凡脫俗，但可以幫助我們更專注地經歷神的同在。

2. 其次，禁食讓我們更清楚地看見，正在掌管我們生命的是甚麼，從而**學習減少對物質的依賴**。在操練禁食的過程中，我們能體會到過往時刻關注的事，原來並不是最重要的。當我們明白後，就可以學習調校，把該專注的目標校正。試想若我們能對令人垂涎的美食說「不」，那麼我們就可以對很多事物或享受說「不」了。這樣，生活可以簡單一點，我們的心思也會集中一點。實踐禁食，其實可以牽動我們整個屬靈操練的旅程，因為我們作了上好的選擇。

3. **禁食與禱告必須並行**。從聖經中我們看見，很多時候，禁食是一種禱告的方式，或至少是作更深入禱告的準備。耶穌受試探的記載是一個最佳例子。禁食的其中一個目的，是使我們更深入地進入禱告生活，目標不是更高超、更奇妙的屬靈經驗，而是讓我們更深地進入主的同在中。所以，在禁食的時候，我們需要把心思集中在耶穌身上，我們也可以用禁食的時間來禱告。

4. **禁食與服事並行**。除了禱告外，禁食也應該與服事並行。對屬靈操練有很深體會的人會指出，禁食期不是一段休閒期，甚麼也不做，而是更專注在真正重要的事上：讀經、默想、服事。不然，禁食就失去意義。這是以賽亞書五十八章給我們的提醒和教導。

總結

十五世紀一位靈修大師金碧士（Thomas à Kempis）所寫的書《效法基督》（*The Imitation of Christ*），當中有以下內容：[2]

> Jesus today has many lovers of His heavenly kingdom, but few of them carry His cross. He has many friends who ask for consolation, but few who pray for affliction. He has many companions to share His meals, but few to share His abstinence.
>
> 中譯：今天，喜愛基督國度的人多，願背祂十架的卻少；向祂尋求慰藉的人多，向祂祈求患難者少；與祂同享筵席者多，願與祂共嘗禁戒者少。
>
> We all want to rejoice with Him, but few of us are willing to suffer anything for His sake. Many follow Jesus up to the breaking of bread, but few go on to drinking of the chalice of His passion. Many admire His miracles, but few follow in the ignominy of His cross.

中譯：我們都樂於與祂同樂，但願意因祂而受苦的卻少之又少。很多人願意跟隨耶穌直到擘餅的一刻，但能進一步把祂的苦杯一飲而盡的卻少。很多人欣賞祂的神蹟，但少有願意在十架的羞辱中跟隨祂。

這是何等真實的話！跟隨耶穌身後的，有極多「晴天的基督徒」（fair weather Christians），難怪耶穌不得不從往耶路撒冷的路上停下來，吩咐身後這一大羣人在繼續走下去前，先停下來，認真地計算代價（路十四 25～26）。

禁食，目的不在於鞭策自己的肉身，甚至不是要抑制內心的慾望，而是要在十架的羞辱中與基督同行。

禱告

主啊，賜我順服的心，與祢同行十架的路，因為惟獨捨己，我們才能真正領受生命。阿們。

思考問題與實踐

❶ 你認同禁食在屬靈操練上的作用及意義嗎？

❷ 當你知道某人在禁食，你對他的行動有何反應？

❸ 你願意為親近主而定期禁食嗎？

5

人的生命不在於家道豐富
簡樸的操練

路加福音十二章 13 至 21 節

今天，金錢可以買甚麼？

筆者最近讀一本書，書名是 *What Money Can't Buy: The Moral Limits of Markets*（中譯本：《錢買不到的東西》，台北：先覺出版社，2012），作者是於哈佛大學教導公共行政的桑德爾（Michael J. Sandel）教授。桑德爾教授在這書裏的基本論點，是指出風靡一時的市場經濟的影響力，已經不再限於經濟的層面，而是深入道德倫理的領域中，甚至把道德倫理從日常生活中踢走。對他來說，我們今天要深入思考的問題是：「有甚麼東西是**不應**用金錢購買？」請留意這問題，它所問的不是「有甚麼事物是**不能**用金錢購買」，而是「不應」，這意味著在「市場」當道的今天，已經沒有甚麼東西是錢不能買的了。他舉了一些很有趣的例子：

根據《今日美國》(*USA Today*)二〇〇七年的報導，西方國家的夫婦到印度找婦女代替他們生孩子，費用是六千二百五十美元。

美國有公司專門從事一門生意，就是作中間人，讓人可以買下年長人士的人壽保險，為原來的保單持有人繳付保費，到他們死後，就收到賠償和利息。投資者會估計保單持有人能活多久，然後決定投資。據報導，在美國這是一門市值三百億美元的生意。[1]

在這個「金錢無所不能」的時代，我們迫切需要思考和實踐簡樸生活。

不在於家道豐富

路加的記載，在我們思考「甚麼是簡樸生活？」這問題時，給我們很多啟發。

這段記載發生的背景，是耶穌正教導人(路十二1)。當時「有幾萬人聚集，甚至彼此踐踏」，在這大羣人中，有一個來到耶穌跟前請求：「請你吩咐我的兄弟和我分家產。」(13節)為何這人提出這樣的請求？難道真的有人想獨霸全部財產？相信真正的問題不在於肯或不肯分，而是在於多少。我們相信提出請求的人，是覺得哥哥分給他的財產沒有他期望中的多，覺得吃虧，所以心有不忿，便請求耶穌來主持公道，但耶穌一口拒絕了(14節)。為甚麼？因為耶穌有很敏銳的洞察力，察覺這人的請求背後所隱藏的「貪心」(15 節)。貪心才是真正的動機，令這人覺得得到的太少，覺得不公平，覺得吃虧。

奇妙的是耶穌沒有停在斷然拒絕這點上，反而進一步把握這個自動送上門的機會，教導門徒學習一個很切身的功課，就是「人的生命不在於家道豐富」(路十二 15)。所謂「家道豐富」是指有很多財產。但耶穌說這話的意義何在？耶穌在貶低家道豐富這回事嗎？到底家道豐富有何不妥？在聖經時代，財富多少都有點代表作用，代表神的祝福，因為一切的財富都源自神，是神所賜的。那麼，神會把祂的福賜給不配的人嗎？當然不會！那麼，得著神賜福的，都應該是配得的人，是神所喜悅的人。

簡單而言，這就是聖經中「福氣」和「祝福」的意義；福氣是滿得神所賜的福，祝福是向神祈禱，把祂的福氣賜給領受祝福的人。依這觀念，家道豐富應該是一件好事，是令人羨慕的事。那麼，為何耶穌這樣說？因為問題並不在於家道豐富本身，而是在於人。這人會天真地以為生命的價值在乎家道豐富，以為家道豐富時他的生命就有保障，以為家道豐富時他就會滿足，把家道豐富的程度等同了生命的深度、意義和價值，家道豐富成了他一生的目標。

從無知的財主學習

相信這也是現代人的心態，所以耶穌接著講的比喻

（路十二 16～20），也是為現代人講的。這比喻的目的，是要説明為何「人的生命不在於家道豐富」。這比喻一般被稱為「無知財主的比喻」。故事的主角是個很富有的農戶。相信每個農夫多少都會估量當年的收成有多少，這農戶也不例外。但他始料不及的，是那年的收穫特別豐富，遠遠超出他的估計，結果他沒有足夠地方去收藏。他該怎麼辦？

在我們眼前，這富戶陷入了沉思，盤算有何策略、出路可供他選擇。藉著富戶的説話，耶穌把這沉思的過程呈現出來，幫助聽眾剖析這人內心世界的面貌。這沉思的過程，顯出這富戶的屬靈生命的狀態到底如何。

與很多香港人一樣，這富戶是個務實的人，所以用務實的方法來解決問題。他要把舊的倉庫拆掉，另蓋更大的，這就能「儲藏我一切的糧食和財物」（路十二 18）。「儲藏」這動詞在 17 至 18 節中連續出現，反映這人很重視這「儲藏」，為甚麼？因為這些屬於他的財物，可供他「多年享用」（19 節），保障了他的將來，不愁衣食。當這一切都儲藏妥當後，他就一無牽掛。這樣他今天、明天、以後的每一天，就可以「只管安安逸逸吃喝快樂」（19 節）了！

如果我們暫時不理會路加福音十二章 20 節中神對這富戶所説的話，單看經文 18 至 19 節，我們不會察覺到這富戶的思維和處事方式有甚麼問題。這樣思考和規劃，我們都很熟識，也習以為常，是我們現代人進行風險管理的常規。我有智慧地運用自己辛勞所得的，為自己建立一個安全、穩妥、無憂無慮的將來，這是天經地義的，即使是「吃喝快樂」也沒有問題。

問題是甚麼？問題就是富戶對財富的看法，有嚴重不足之處，而且這看法是扭曲了的。從路加福音十二章20節，我們知道財富是從神而來，祂可以賜予，也可以收回。路加福音中有些經文正好把這觀念呈現出來，如一章51至53節就清楚地指出，人最終所面對的，是神無所不能，也無法阻擋的權柄。在平原寶訓中，耶穌宣告富足的人將有何遭遇（路六24～25）。不要誤會，耶穌並非仇富，當我們把這話與路加福音六章20至21節互相對照時，我們就明白耶穌真正的意思是甚麼。就如那些貧窮的、飢餓的、哭泣的人，因信靠神而得著天國的賞賜，那些只懂得倚靠今世錢財的人，在天國來臨時也將會面對際遇一百八十度的逆轉。我們要明白耶穌的比喻，這些教導就是那背景和基礎。

這富戶的話反映他的屬靈狀況。很明顯，這富戶只懂倚靠財富，把自己的將來和安全建立在財富之上，他沒有想到神在他生命中的位置。我們所看見的，是耶穌在「撒種的比喻」中所講的，這富戶的心像一塊長出了「荊棘」的田，把真道的種子「擠住了，結不出成熟的子粒來」（路八14）。甚麼是「荊棘」？就是「今生的憂慮、錢財、宴樂」（14節），這些正正是這富戶內心為自己所企劃的。結果，財富增加了，卻沒有了神。

然後，我們看見富戶的第三個問題：這一切從神所領受的財富，成了他「安安逸逸吃喝快樂」的本錢，彷彿這就是神賜給他這一切財富的目的。「吃喝快樂」給人縱情享樂、醉生夢死的感覺，也令我們聯想起聖經對這種不負責任的生活方式的控訴和斥責。但這富戶對此無動於衷，他嚮往吃喝快樂，為了確保這生活方式，他要蓋更大的倉庫來收藏他的財物。

這樣，引伸了第四個問題，就是他似乎忘記了，神才是這一切財富的真正主人，以致在他的自言自語中，他把「倉庫」、「一切的糧食和財物」都據為己有，稱之為「我的」(路十二 18)。當他單方面宣稱了擁有權，就悠然自得地對自己說：「你有許多財物……只管安安逸逸吃喝快樂吧！」(19 節)他的情況就像路加福音中「財主與拉撒路」比喻中的那個財主，「穿著紫色袍和細麻布衣服，天天奢華宴樂」(十六 19)，而在他的門口，每日躺著討飯的拉撒路，他「渾身長瘡，被人放在財主門口」(20 節)，作用就是希望他得著財主的施捨。但這財主到拉撒路死的那天，都沒有意識或注意到拉撒路的存在。似乎路加福音十二章中的這富戶也沒有想到別人的需要，更沒有想過用自己的財富來幫助有需要的人。

這富戶擁有令他自豪的財富，卻不知道財富的意義是甚麼。

簡樸生活的意義

這記載如何幫助我們認識簡樸生活的意義？有以下幾

方面值得我們注意。

首先，從耶穌的比喻，我們知道對於簡樸，**首要是心態，然後有行動**。路加福音十二章 13 節那個要求耶穌為他吩咐兄弟分財產的人，明顯沒有這心態，他會覺得所分配到的，不如他期望的。而這個富有的農戶也沒有簡樸的心態，他有的，是囤積的心，他期望的不只是多，而是更多。今天，我們很習慣選擇，我們期望有超過一個選擇，讓我們可以選最好的。但我們有所不知的，是當我們正在行使選擇權和自由，我們已經成了選擇的奴隸。簡樸的心態，就是放棄一些不必要的選擇。

其次，**簡樸的心態是由為神而活的心志來帶動的**。若生命沒有對準神，沒有依附在神裏面，結果就是依附在物質上。這是經文中兩個人物的毛病。這個有錢的農戶心中所盤算的，是如何好好儲存他「一切的糧食和財物」(路十二 18)。這些豐富的財產，成了他生命的焦點，成了他生命的保障。不知不覺間，他依附在這些財產上。在某程度上，這也是那請求耶穌為他和兄弟重新分配財產的人的情況。

第三，與第二點有密切關係的，是**簡樸生活是信心的生活**。這就是耶穌在接著的經文(路十二 22～34)中所教導的；經文的中心意思，是不要為生命的需要憂慮，要相信神知道我們的需要，也不會叫我們缺乏。信心生命的標記，是即使被各樣迫切的需要包圍，仍然「求他的國」(31 節)。不但如此，耶穌還鼓勵人「要變賣財產賙濟人」，藉此為自己預備「永不壞的錢囊和用不盡的財寶在天上」(33 節)。這是很激進的方法，表示對神的信心和對神的追求。

簡樸生活即在這裏開始。

實踐簡樸生活

那麼，有何途徑讓我們實踐簡樸生活？我們可以參考以下各點：[2]

1. **改變購買的習慣**。只購買真正需要的東西，或在有需要的時候才購物。千萬不要藉購買名牌來提升個人形象。傅士德認為，要用你生命的質素而不是身上所穿戴的，來取得別人的欣賞和羨慕。
2. **向令我們沉迷的事物說：「不！」**有甚麼東西會令我們沉迷？其中之一就是層出不窮、日新月異的電子產品。很多人會「追」電子產品的潮流，目的是為了炫耀，而非真正需要這些產品，或這些產品有用。
3. **養成送贈的習慣**。在今天的香港，送贈東西予他人以履行社會責任，是值得鼓勵的，而作為屬靈操練，就更值得培養這習慣。在路加福音十二章中，耶穌這樣說：「你們要變賣財產賙濟人。」(33 節)傳道書也是這樣教導我們，應當把握目前的機會，趁手中有能力時，要隨時行善(十一 1～2)，這是我們回應這個變幻莫測的世界的最佳方法。傳道書經常出現的主題，是「人莫強如吃喝，且在勞碌中享福，我看這也是出於神的手」(二 24，《和合本》)。當我們把耶穌的教導和傳道者的教導並列的時候，就見到簡樸生活的意義了。

4. **學習享用而無須擁有**。使用信用卡是一個最常見的例子。根據一項調查，香港的勞動人口約三百五十萬，但流動的信用卡卻達到一千萬張，即每人平均擁有三張信用卡。試問一個人到底需要多少張信用卡才足夠？答案是如果必須有的話，一張就已經足夠。作為信徒，我們是否可以享受信用卡的方便，而無須「擁有」它？簡樸生活，由減少持有的信用卡數量開始。

5. **培養對創造的欣賞和愛護**。對大自然的欣賞和愛護，其意義遠超過環境保育；這是把生活的焦點，從物質轉移到非物質方面。在教導我們不要憂慮時，耶穌指示我們「想一想烏鴉」（路十二 24），又「想一想百合花」（27 節），還有「野地裏的草」（28 節），這些觀察和默想，是我們生命的座標，引導我們朝正確的方向走，就是從繁複走向簡樸。

6. **避免引致他人受欺壓**。在今天這個經濟一體化的時代裏，要實踐這點是個很大的挑戰。因為我們所享用的東西，很大部分都是由第三世界的廉價勞工製造，這些勞工很多時候都是在受壓和遭剝削的環境下工作。倘若我們要避免使用在這些情況下製造的產品，相信我們所能用的產品必然會減少，選擇也會少了。但若簡樸是我們的目標，這實踐相信是一大助力。

7. **逃避令你不能專注地愛神的事物**。回答那個請求耶穌為他分財產的人時，耶穌對眾人說：「你們要謹慎自守，躲避一切的貪心」(路十二 15)。這人的貪心蒙蔽了他屬靈的眼睛，以致他看不清生命的目標在哪裏。若這人的眼睛是看著神那裏，他不會覺得兄弟欺騙了他，也不會有被欺負、剝削、吃虧的感覺。這富戶更不在話下，在他各種的盤算中，他從來沒有思想過神的權柄是他生命中惟一重要的，也是必須面對的。所以，他是愚昧的，也是貧窮的。

總結

在這個崇拜市場經濟和市場價值的世代中，簡樸生活已經不只是生活方式的選擇，個人的選擇，而是我們的信仰宣言，是我們對這物質世界所作的見證。因為我們是蒙召為一個更高的目標而活。

禱告

生命的主，賜我屬靈的眼光，能看透物質世界的虛浮。主啊，讓我的心被祢吸引，以致對祢產生渴慕。阿們。

思考問題與實踐

❶ 對你而言，怎樣的生活或消費模式才算簡樸？

❷ 你認為是否只有家境富裕的人，才有過簡樸生活的需

要？為甚麼？

3. 你若願意實踐簡樸的呼召，你的生活要作出怎樣的調整？

6

回轉與靜止就是拯救
獨處的操練

以賽亞書三十章 15 至 17 節

有三個很喜歡工作的修士，第一個立志去到有紛爭的地方，締造和睦；第二個立志探訪病人；第三個卻選擇去到沙漠中，尋找寧靜的生活。過了一段日子後，第一個修士本想在紛爭中締造和平，但他失敗了，因此他的心異常沉重，難過非常。於是他去探望第二個修士，發覺他也落在沮喪中，因為他無法完成他的志願。於是他們二人一同進入沙漠去找第三個修士，三人見面十分高興，經過一輪寒暄後，第一和第二個修士分別把自己的遭遇述說給第三個修士聽，並請求他跟他們分享在沙漠中的生活。第三個修士沉默了一會，然後對二人說：「來吧，我們去取一瓶水來。」他們就把水取來。第三個修士就說：「把水倒在水盤裏。」並問二人：「你們看見甚麼？」二人說：「甚麼都看不見。」至盤中的水靜下來後，他再問：「你們看見甚麼？」他們說：「看見我們的樣貌。」於是第三個修士說：「與人同住者，也是如此，因世事紛亂，人看不見自己的罪惡。但那生活在沙漠的平和與寧靜中的人，就能清楚地看見神。」

這故事讓我們認識到獨處的好處。但在我們的生活中，如何能獨處？

從聖經看起

甚麼是獨處？「獨處」似乎是需要遠離人羣才可以實踐的。在香港，這個人均居住面積低於二百一十五尺的彈丸之地，可行嗎？要解答這問題，讓我們來看一個有關獨處的故事。

若用現代的語言來表達，以賽亞書二十八至三十一章的背景是一場戰爭，是記載在列王紀下十八至十九章，亞述王西拿基立揮軍攻擊猶大的戰事。這場戰爭的結果，是耶路撒冷城幾乎被攻破，國中大部分土地都受到戰火摧殘，經濟收入基礎受嚴重破壞，民不聊生。

以賽亞書二十八至三十一章並不反映這場戰爭，而是反映出在戰爭爆發前，猶大所進行的各種政治行動和部署，特別是靠攏埃及，期望藉其力量抗衡亞述。所以，若論氣氛，當時是一片緊張的，政治部署頻繁，為締結軍事盟約，猶大的使節頻繁地往來猶大和埃及兩國之間。

當這一切忙碌地進行的時候，先知以賽亞宣告了這信息：「主耶和華——以色列的聖者如此說：『你們得救在乎歸回安息，得力在乎平靜安穩。』你們卻是不肯」（賽三十15）。「你們」是誰？就是包括希西家在內的猶大統治階層，這些決策者決定把猶大的前途「投注」在埃及的支持上，以埃及作為得救的盼望。從以賽亞書三十章6節，我們知道當以賽亞宣告這信息時，猶大的使者已經在前往埃及的途中。

當戰事迫在眉睫時，吩咐人「歸回安息」和「平靜安穩」（賽三十15）的意義何在？所謂「得救在乎歸回安息」，意思是「在回轉和安靜中，你們將會得拯救」。在當時的處境，這話的目的相信是吩咐希西家要停止正在進行的結盟部署。「回轉」就是從與外邦結盟的路上回轉，而「安靜」就是指要終止任何繁忙的、緊張的、不停地醞釀發酵的計劃和部署，安靜下來。甚麼是「得力在乎平靜安穩」？「安穩」其實是信靠的意思。所以，這話的意思是「在安靜與信靠中，就是你們的力量」。希西家派人去埃及，尋求結盟，作用是尋求「力量」，但其實希西家所走的路適得其反，是徒勞無功的。他應該走「回頭路」，回轉就是他的力量。

我們可以想像一下，倘若希西家等人是切實地按著這話而行的話，那麼在當時忙亂、緊張、焦慮的處境中，就會出現一個空間，是一個寧靜、靜止的空間，其中只有希西家等人與神在一起。在這空間內，沒有很多動作、籌算、躁動、喧嚷，只有等候、期待和安靜。在這空間內，希西家等人要單獨地面對神，面對神的作為，面對神在歷史裏所施行的事。在這空間內，希西家等人要重新認識這世界，重新認識發生在當下的每件事，重新認識自己，重新認識神。

經文所發出的提醒，並非個別例子。在詩篇四十六篇10節，也有同樣的教導。這詩篇所描述的，是一場牽涉全宇宙的爭戰，而受攻擊的是神的百姓。在這樣一個「大場面」中，神也吩咐祂的百姓要「休息」，要放下手中的作為，回歸生命的本源：「要知道我是神！」從為戰爭而作的準備和部署中，人要轉向神，要「知道」神就是神，這「知道」就是一個人重新認識神、認識自己和認識世界的空間。此外，在以賽亞書七章，同樣是一段與戰爭有密切關係的經文，神也作出同樣的吩咐：「你要謹慎，要鎮定，不要害怕，不要……心裏膽怯」(4節)，所用的語言，與以賽亞書三十章15節的幾乎完全相同。「鎮定」(賽七4；或《和合本》的「安靜」)與以賽亞書三十章15節中的「平靜」，在原文是同一個字。當時，猶大也需要為即將來臨的戰爭作部署和準備，但也同樣在這情況中，先知宣告神的信息：要謹慎鎮定。在敵人正逐步進逼的當下，謹慎鎮定就是一個人獨自面對神，迎向神，經歷神的空間。在這空間內，沒有戰爭的緊張，沒有為籌措戰備的緊張和忙亂。只有安靜、專一。

這些經文，帶領我們認識甚麼是獨處的操練。

認識獨處

嚴格來說，以賽亞書三十章 15 節的重點和信息是放下自我的掙扎，信靠神；它不是一個獨處的邀請。雖然如此，這段經文卻可以幫助我們明白獨處是甚麼。

甚麼是獨處？**獨處最終的目的，是回歸到神那裏去。**以上這些經文提醒我們，即使在最迫切的需要中，在最忙亂的處境中，生命安危受威脅的危機裏，我們仍然可以學習獨處，也正因為生命中會有這些風雨，我們更有需要獨處。

其實，今天不只靈修導師或教牧談論獨處，在哲學的範疇內亦有關於獨處的探討。例如近代一位學者菲力浦．科克(Philip Koch)這樣解釋：獨處有三大元素——退隱、離羣、內省。獨處的目的是要除去各種各樣來自社會生活、令人不能專注的因素，以致人可以進行真正的默想和自省。因此，獨處是方法而不是目的，是讓我們可以達至對自己、對個人在世界的位置、及個人對神的關係，有更深入的認識。[1]

在心理學方面，也有研究論證獨處的好處。例如美國有一項針對第五至第九班（即小五至中三）學生進行的研究，心理學家從中發現：（一）經過長時間觀察，年紀較大的學生會傾向多花時間獨自一人；（二）當他們肯花時間獨自一人，他們的情緒較為穩定；（三）能夠恰到好處地花時間獨自一人的學生，心理健康狀況會較佳。

在行政管理範疇中，也有談論到獨處與作領袖的關係。有一位在哥倫比亞大學教英國文學的教授威廉．德雷斯域治（William Deresiewicz），在二○○九年美國西點軍校（U.S. Military Academy at West Point）的畢業禮上，發表了一篇題為〈獨處與領導〉的演講。他的論點是，作為領袖，最重要的質素之一就是獨立思考，但人如何學習獨立思考？重要的途徑之一，就是獨處。他引述了由史丹福大學進行的一項研究，研究人員想知道為何年青人比成年人更能夠在同一時間內進行多項活動（multi-tasking）。研究結果令他們感到意外，因為他們發現能夠同一時間內進行多項活動的人，智力和組織力並不比其他人高，甚至會稍遜於沒有進行多項活動的人。研究結果也顯示，在同一時間內進行多項活動的人，在分先後、輕重方面的能力十分弱，意思是他們遠較其他人容易分散注意力，他們的思想較為混亂，沒有方向，沒有中心。德雷斯域治教授的信息，就是除非一個人能培養出獨處的習慣，否則在培養獨立思考的能力上，會事倍功半；而若沒有獨立思考，那麼就無法作有效的領導。

在基督教信仰中，獨處的目的不是尋找自我，或自我滿足，而是刻意選擇與神獨自相處。在基督教的傳統中，獨處包括外在和內在兩個層面。甚麼是內在的獨處？所指的是個人思想能集中和專注在屬靈的事上，學習和操練與神相處。所謂外在的獨處，是指離羣退隱，可以是去到野外、樹林、山上，甚至在沙漠中。但人是很奇怪的動物，即使在追求獨處的自主和寧靜時，仍會自自然然地聚在一起，所以就有修道者的羣體出現。隨著修道羣體的形成，出現了一些專為獨處而設的建築物，例如修道院，甚至是主教座堂。這些建築物的出現，目的是要藉外在的方法和環境，幫助人培養出內在的獨處，為內在的獨處提供適當的條件。當然，人不會為了修道院的寧靜而追求內在的獨處，但沒有外在的條件，內在的獨處就不容易建立和培養。所以，在獨處的操練中，我們難免需要用或長或短的時間，離開人羣，離開嘈雜喧嚷的地方，去到一個沒有干擾的地方，進行這操練。

可能我們會問：若然要離羣獨處，這與孤獨有何分別？孤獨所指的，是一種矛盾的情況：一方面我們渴望與人聯繫，建立關係，卻因為某些因素無法如願，所以孤獨或孤單是一種不理想的狀況，我們會竭力避免或掩飾。但獨處則不一樣，因為獨處是基於個人的選擇，是從人和事加諸我們的各種要求中抽離（disengagement），以致一個人能夠有足夠的空間從事所選擇的活動，包括頭腦上和身體上的。所以，當一個人感到孤單時，他會感到煩躁不安，若有所失，但當一個人獨處時，他會感到自由、釋放。

在屬靈上，當我們獨處時，我們嘗試從周圍的人和事中抽離，但同時進入另一種型態的關係中，就是回到生命的根源，在上主面前信靠祂、默想祂、聆聽祂、領受祂的臨在。這就是先知的信息的意義：在回轉和安靜中，你們將會得救；在安靜與信靠中，就是你們的力量。

操練獨處

對我們來說，習慣了忙亂和進行多項活動，要獨處必須花一定的功夫，調校我們生活的次序。

操練獨處的第一步，就是**善用生活中各樣「零碎的空間」**：最簡單的，就是早上醒來後，起牀前的片刻。即使走在擠塞的道路上或乘坐交通工具時，也可以獨處；與其心煩意亂，或忙於閱讀手機上的資訊，倒不如嘗試藉默想，或觀察周圍的人和景物，在一個擁擠的環境中，為自己開闢出一個單獨與自己和神相處的空間。我們也可以藉學習注意和觀察路上的事物來操練獨處。無線電視播放的《星期二檔案》有一次是關於攝影，其中有一些發掘到攝影樂趣的人都不約而同地說，因為攝影，他們開始較多注意平常沒有或不會留意的事物。[2] 這使我想到，獨處在我們生活中也會產生相同效果。透過獨處，我們會多留意一些平常沒有留意的事；換言之，我們在屬靈方面的警覺性和敏銳性提高了。

其次，我們可以**嘗試減少說話**。因為獨處的因素中，包括了安靜。《屬靈操練禮讚》的作者傅士德這樣說：「沒有安靜，就沒有獨處。」[3] 保持安靜的作用是要看得更清楚，聽得更清晰。十四世紀的靈修大師金碧士所寫的書《效法基督》中有一個段落，標題是「慎防無謂之談」

(“Guarding Against Unnecessary Speech”)，其中一句這樣說：「我們之所以喜歡說話的原因，就是因為我們要在與人絮絮不休的談話中尋找慰藉，以減輕我們心頭的重擔。」[4] 這是何等真實。現代人真的相信「講是講非，友誼永固」的理論。但雅各書鄭重地提醒我們，要認識說話的利與弊（三 1～12），其中重要的信息是要勒住自己的舌頭。這是滿有智慧的話，勒住舌頭是操練獨處中很重要的功課。傅士德建議我們嘗試減少說話，減少說無謂的話，甚至一整天不說話，這樣我們就會發現我們是何等無助，是何等依賴說話來與人溝通。這樣亦同時可以幫助我們，尋找除說話以外的方法來與人聯繫。

第三，我們可以**嘗試每年定出一些時間個人靜修獨處**，用一整天，或一天內的三、四個小時，在一個安靜的地方，例如辦公室、圖書館等，去想想自己人生的目標、人生的方向，檢視生命中的優先次序，並學習聆聽神的聲音。在這點上，沒有比耶穌更好的榜樣，因為祂經常從人羣中退隱，能夠從繁忙的服事中抽離，而祂的事工，根本就是在一連四十日的獨處中展開的。

總結

開始的時候所講的故事，結局如何？猶大失敗了，因為他們斷然拒絕了耶和華的邀請，拒絕回歸，拒絕在危難中放手，所以失敗了。當戰爭爆發後，在猶大最需要埃及的幫助時，埃及竟然失蹤了，結果猶大差不多被亞述摧毀。只因為在最後關頭，神介入戰事中，猶大才倖免於難。人的努力和聰明，就是如此蒼白無力。

二○一二年奧運，產生第一面金牌的項目是十米氣步槍比賽，奪得這金牌的是中國選手易思玲，而她能夠奪得這面金牌的祕訣，就是「靜心」。在國際場上比賽的選手，技術方面旗鼓相當，但決定勝負的，往往是心理質素。對射擊比賽的選手來說，靜心是最重要的。為了要奪取錦標，他們要學習控制呼吸和心跳，因為這些都會影響射擊準確度。在奪得金牌後，易思玲接受訪問，講述她如何能夠奪標，她說最大的因素是能集中精神，不受環境干擾。她如何能集中精神呢？因為她不懂英語，聽不懂計分員的宣佈，以致能夠全心全意地專注在手上的氣槍和標靶上，在人來人往的比賽場上進入獨處的境界。

我們的生活繁忙，令人窒息，我們能做甚麼？與其煩躁不安，倒不如讓我們學習獨處，藉這操練來約束我們的心，專注在神聖的目標上，且讓我們能夠脫去重擔，行走於這條成聖之路。

禱告

掌管人心靈的主，在塵世中，令人心煩意亂的事何其多。因此，主啊，在擾攘中，賜我一顆寧靜的心，以致我能與祢不斷地相交、同行。阿們。

思考問題與實踐

❶ 在你每天的生活中，哪些事情不是真正需要做的？若把這些事情從生活中剔除，對你會有何重大的影響？

❷ 你曾嘗試學習和操練獨處嗎？最大的困難是甚麼？

❸ 請嘗試在每天生活中騰出一段時間，與主獨處。

7

照所得的恩賜彼此服事
服事的操練

彼得前書四章7至11節

香港的一套電影《桃姐》，其中女主角曾在威尼斯影展中獲得了最佳女主角獎，在那段日子引起了廣泛注意，在報章上也常讀到有關主僕相處的故事。在電影和這些故事中，作女傭的都是忠心耿耿的，對主人千依百順。而作主人的，與女傭的關係及相處就相當微妙，因為主僕間經過數十年相處，所建立的除主僕關係外，還有朋友、長輩等元素在其中。但有一點是永遠不會改變的，就是作主人的，永遠是主人。即使他會在女傭年老無依時接她在自己家裏住，但這主僕關係永遠不會完全褪色。

主僕關係不論何等親切和人性化，始終是單向的。但在信徒羣體中間所建立的，並不是單向的關係，而是雙向的。因為我們從主所領受的吩咐，是彼此服事。

因此，彼此服事在敬虔生活的操練上，是一門重要的功課。

但服事為何是屬靈操練的途徑之一？這是我們要一同思考的。

彼此服事的意義

彼得前書的作者從一個末世的處境提到服事的操練，他說：「萬物的結局近了。」（四 7）這話有兩個層面的意思：（一）萬物的結局近了，我們在這地上寄居的（二 11）日子不會很多了，所以要彼此服事，互相勉勵，在一個隨時會有逼迫、試煉和衝擊的環境中，彼此守望；（二）萬物的結局近了，所以更要藉彼此服事，等候、迎接這日子來臨，因為服事是天國的樣式。

彼此服事既然有如此重大的意義，那麼信徒該如何實踐這操練？作者的教導很清晰：第一要緊的，就是要知道一切的服事都必須發自彼此切實相愛的心（彼前四 8）。雖然我們不大明白「愛能遮掩許多的罪」的意思是甚麼，但至少這能「遮掩許多的罪」的愛，必定有包容、體諒、接納在其中。換句話說，「愛能遮掩許多的罪」是指信徒的生活方式，在愛中，罪就成為過去的事（參彼前四 1）。所以愛是服事的出發點，也惟獨如此，在彼此服事時才會不發怨言，埋怨某人付出少，自己付出多，埋怨別人做得少，自己做得多。在愛中的服事，不會因落在埋怨中而變質，變成毫無意義。

最重要的是，服事是一個不能推卸的責任和託付，因為信徒都領受了恩賜彼此服事（彼前四10）。這話的意思包括三方面：

1. **信徒從神領受了恩賜。**作者沒有像保羅那樣列舉出恩賜的種類，只是概括地說：「人人要照自己所得的恩賜彼此服事」（彼前四10）。不過，這話也明顯地指出一個重要的事實，就是所有信徒都有神所賜的恩賜。恩賜的目的是要建立教會，而彼此服事則是建立教會的途徑。另一方面，既然是領受得來的，就表明我們不是這些恩賜的源頭，因為我們沒能力把這些恩賜製造出來。所以這話也提醒我們，信徒並非單靠自己的能力、本領、才能去服事，而是靠神所賜的恩典和能力。
2. **信徒要作這些恩賜的管家。**信徒是受託人，要按主人的心願正確、合宜地運用所託付的恩賜，而彼此服事就是實踐的途徑。信徒領受恩賜，其作用和目的並不是要抬舉自己，貶低別人，而是彼此服事。「彼此」暗示對等、平等、共通、相容。你需要服事，我也需要服事；在服事這事上，我們是施予者，同時也是接受者。服事有如建築用的混凝土一樣，使磚頭與磚頭之間緊密相連，成為一幢穩妥的房屋，而不是一塊又一塊磚頭。我們的目標不是要一堆完美無瑕的磚頭，而是要一所可以遮風擋雨的房屋。
3. **彼此服事是信徒的標誌。**在一個異教的環境裏，借用保羅的譬喻，信徒羣體好像「成了一臺戲，給世界、天使和眾人觀看」（林前四 9）。信徒羣體好比現代的行為藝術劇團一樣，在一個巨型的玻璃櫥窗內上演一齣「真人騷」，把每日起居飲食的原貌毫無遮掩地上演在觀眾眼前一樣。在這樣的審視下，信徒須藉愛心互相款待、彼此服事。這就是信徒作見證的方法，這就是信徒為主所作的見證。

彼得前書作者的教導，與保羅在哥林多前書十二至十四章的教導，有些基本的類似：兩者都討論恩賜與教會合一的關係；兩者都討論如何運用恩賜；兩者都談及恩賜與愛的關係。根據保羅，愛是信徒運用恩賜的原則，而彼得前書的作者則要我們明白，彼此服事就是彼此切實相愛的實踐。

教會弟兄姊妹能否彼此服事，也就是這是否一個有愛的羣體的指標。

服事的操練

彼此服事與屬靈操練有何關係？讓我們看看以下真實的故事。二〇一二年是日本三．一一地震一周年，《明報》引述了一篇《紐約時報》（*New York Times*）的報導，內容講述日本岩手縣釜石市在海嘯過後，發現一件很奇怪的事：

海嘯過後，有些倖存者看見已遇難的親人時，發現他們雖然身上仍是佈滿泥濘，但面容卻是很安詳、乾淨的。這些日本人一看就知道，在他們趕到前已經有人服事過這些死難者，為他們整理容貌。因此，心中雖然悲傷莫名，卻感到很大的安慰。但誰會作這樣的事？就是一位名叫千葉淳的退休禮儀師。當時，地震和海嘯過後，岩手縣釜石市的搜救人員在頹垣敗瓦中挖出一具又一具遺體，搬到市內用作臨時殮房的體育館安放。這些遺體滿身泥濘，僅以膠袋包裹，露出僵硬的四肢，臉容更被瓦礫磨擦撞擊至容貌扭曲，令人慘不忍睹。當退休禮儀師千葉淳來到體育館尋找自己的親人時看見這景象，心有不忍，就決定重操故業，每天到體育館報到，為死者按日本佛教禮儀處理和焚化遺體。他的事迹被一位日本作者石井光太記錄下來，出版了一本書名叫《遺體》。在這書出版時，石井光太這樣說：「這個故事最終是要展示，微小善行亦能體現人性慈愛，即使在一場無法想像的悲劇過後也是如此。」[1]

我們能從千葉淳身上看見服事的樣式嗎？從他身上，我們明白為何服事是一種操練嗎？

1. 他已退休，但因為有此需要而重拾故業。這是**出於甘心**，政府沒有要求他這樣行，沒有任何人要他這樣做，他也沒有責任這樣做。他這樣行，不是出於責任，而是出於甘心樂意。

2. 當時他有其他人所沒有的專業知識和技能，而**在有需要時，他就善用了這些專業知識和技巧**。在一片黑暗、哀鴻遍野的日子，在死亡的氣息籠罩下，這帶來安慰，發出了光芒。

3. 在面對死者可憐的面容時，他的內心被觸動，便動手為死者整頓妝容。這是出於數十年如一日的工作和訓練；對他而言，禮儀師的工作已不只是一門謀生的技術或專業，而是**成了習慣**。因此在死亡面前，他為在災難中死於非命者作最後一件事。當禮儀師是一種工作，從前是為生活，但現在是為服事，服事那些被災難奪去生命的人，服事因災難而失去至親的人。

在《禮儀師》這電影中，主角禮儀師因為年幼的時候，父親撇下了一家人遠走他方，因此對父親有著不能消除、無法減輕的憎恨。但當父親因心臟病去世，死的時候沒有親人在旁，禮儀師就為他恨之入骨的父親整頓遺體。在過程中，禮儀師很認真、仔細地進行每一個步驟時，長年積壓在心的仇恨逐漸化解了。當他以兒子的身分，最後一次服事他的父親，仇恨過去了，一道橫梗在心的裂痕得著了醫治。

服事，除了帶來安慰，也有醫治的能力。

實踐服事的操練

彼此服事如何能成為屬靈操練？

在彼此服事的操練中，最重要的是要明白服事所指的，並不是個別服事的行為或事工，而是發自內心的一種警覺。例如教會推行關懷行動，推行讀經運動，或敬虔操練，其真正意義不在於推行一些計劃或事工，作為「交貨」之用，而在於栽培各人的生命，這才是真正的目的。靈修學者傅士德這樣說：「真正的服事源自深入內心的與神之間建立的關係。」[2] 換言之，要操練服事，必須先好好與神建立關係。另一方面，在操練服事的同時，我們也在操練謙卑。為甚麼？因為真正的服事並不在意別人是否注意或欣賞。若別人的注意是我們服事的動機，所作的服事就會因此而變質。所以，服事最能操練信徒的謙卑，因為沒有別的事物能像服事一樣，約束肉體的情慾和今生的驕傲。傅士德說，服事的操練好像十字架一樣，我們把肉體的情慾釘在上面。[3]

在實際的生活處境，我們如何作服事的操練？有以下的途徑：[4]

隱藏的服事。隱藏的服事就是謙卑的服事，因為這些遠離世人目光和注意的服事，能約束我們對於得著別人稱讚、欣賞、甚至獎勵的渴望。就如耶穌教導門徒在行善時不要表現在人前，讓人覺得你很虔誠，而是「不要讓左手知道右手所做的」（太六 1～4），要在暗中行，這樣才是天父喜悅的善行（4 節）。

微小的服事。相信我們都有這樣的經驗，就是朋友臨時有需要，請求我們幫助，我們表面上願意，但實際上內心極不情願。這內在的阻力，就是操練的焦點；操練讓我們可以隨時作好準備，向有需要的人伸出援手。傅士德提醒我們，大事並不常見，所以不是經常需要作重大的犧牲，但瑣事卻是每天發生，所以經常要作些微的犧牲。這是操練的重點所在：把自我的需要釘在十字架上。

保障別人聲譽的服事。保羅在提多書三章2節中說：「不要毀謗」，意思是不要在背後說詆毀別人的話，也就是要約束我們的舌頭，既不散播謠言，也不參與搬弄是非。

接受服事的操練。這可能是最難學習的功課之一，因為在很多人的意識或觀念中，接受別人服事意味我們有所不足，又或要開放自己的世界，容納他人，所以我們都不大情願接受服事。但這些抗拒都是不必要的。接受別人的服事，其實是彼此順服的操練；我們彼此順服，在其中一同承認我們領受聖父的恩賜。

以禮相待的服事。我們可能會覺得遇見的人愈來愈沒有禮貌，若是如此，那麼作為信徒羣體，我們就更要操練以禮相待的功課。以禮相待看來很表面，有虛假的成分，但實質上這是愛心的操練。試想現代人為何逐漸失落了基本的禮貌？是因為人際關係的疏離。有甚麼方法可以拉近彼此的距離？就是用愛心，而禮貌其實是一種愛的流露方式。

聆聽的服事。傅士德引述德國神學家潘霍華（Dietrich Bonhoeffer）的話：「在信徒相交中，我們應該服事別人，首要的是聆聽。就如愛神以聆聽祂的話為起首，愛弟兄也是如此。」聆聽本來是不需訓練的，我們只需要有一顆仁愛之心和忍耐，就可以做一個好聆聽者。傅士德指出，聆聽別人的操練也能訓練我們聆聽神，在聆聽的過程中，我們的內心受訓練，以致我們的情感和優先次序得改變。

背負重擔的服事。加拉太書六章2節教導我們：「你們各人的重擔要互相擔當，這樣就會成全基督的律法。」按《和合本修訂版》的旁註，經文第二句可以這樣翻譯：「要這樣〔即互相背負重擔〕成全基督的律法。」甚麼是基督的律法？就是愛，就如雅各書二章8節這樣教導：「經上記著：『要愛鄰如己』，你們若切實守這至尊的律法，你們就做得很好。」這是很值得我們深思的提醒。但我們如何能夠背負別人的重擔而不被壓傷，以致我們也失去了靈裏的喜樂和平安？方法就是把別人的重擔帶到基督的面前，所以背負別人重擔，同時觸及我們與主的關係。

總結

二〇一二年鑽石山浸信會的「遷堂期」中，我們有機會每星期操練彼此服事的功課，筆者為此感恩。例子之一就是每星期六和主日，有一班弟兄姊妹不辭勞苦為我們安排場地，又收拾場地。他們都是服事我們的。最令我欣賞的，是有一位弟兄在每個主日早上，風雨不改提早來到教會，再次整理所排列的座椅，務求盡善盡美，讓眾弟兄姊妹能舒適地敬拜，這些都是付出。因此當我們見到這些弟兄姊妹時，都要衷心地說一聲：「多謝！」

談到彼此服事，必然會令我們想起耶穌為門徒洗腳的事。這是耶穌最後一次與門徒分享逾越節的晚餐，這晚過後，耶穌就要走上各各他。在十字架的陰影籠罩下，耶穌為門徒做最後一件事，給門徒最後一次的教導。祂離席，脫去衣服，彎下腰，跪在地上，逐一去洗門徒的腳，服事他們。有甚麼例子比這個更能說明服事的意義？耶穌的動作是那麼純熟，那麼自然，顯然是出自恆常的實踐和操練。在這洗腳的動作中，我們看到一個僕人畢生服事所操練的成果：愛得甘心樂意，愛得完全捨己，愛得毫無保留。耶穌的服事是無聲無息的，卻比任何宣講更響亮，更有力。

在基督的十字架下，讓我們都切實地彼此服事，免得我們背叛這位跪在地上服事我們的主，所以讓我們一同默想這段經文：「你們要互相款待，不發怨言。人人要照自己所得的恩賜彼此服事，作神各種恩賜的好管家。」（彼前四 9 ～ 10）

禱告

主啊，祢本有神的形象，卻甘心成為僕人。主啊，教導我這服事的功課，好讓我成為祢謙卑的反映。阿們。

思考問題與實踐

❶ 作為信仰實踐，彼此服事有何困難？

❷ 服事別人時，要捨棄甚麼？

❸ 服事別人時，會有何得著？

我是在罪孽裏生的
認罪的操練(一)

創世記三章8至13節;詩篇五十一篇5節

香港的發展局局長陳茂波涉嫌經營「劏房」一事，鬧得滿城風雨。當這事被傳媒揭發，初時他不肯承認，用各樣方法解釋事件。但他每一次否認後，傳媒就搬出偵查得來的資料來頂證他，證明他有所隱瞞，說話不盡不實，以致愈解釋，愈令人覺得他的誠信甚有問題。到二〇一二年八月五日深夜，他最終改變態度，發表聲明，承認對「劏房」知情。但在他所發的聲明中，依然不肯承認責任。評論這事的人都認為，若他在開始時就坦白承認，那麼造成的傷害可能會大大減輕。

其實，類似的事情自梁振英上台後，已經接連發生。連梁振英在內，也被傳媒揭發做了違反法規的事，在被揭發後也想隱瞞事實，用各樣說詞為自己的行為解說，企圖表明自己無辜或沒有做錯事。但最後，他們都無法迴避，不得不承認確有其事。

這些負面新聞成為了我們今天要思想的課題的背景，這課題是認罪的操練。

從聖經看起

認罪到底是甚麼？在討論認罪這課題時，舊約中有兩個與犯罪有關的故事值得我們重溫。

第一個是伊甸園的故事(創三8～19)。在這長篇的故事中，我們最感興趣的，是偵查這部分(8～13節)。耶和華在園中出現，立時發覺有點不對勁，因為當祂呼喚「那人」時，「那人」竟然不知所蹤(9節)！這是從未發生過的，到底出了甚麼事？原來「那人」一聽見神的聲音，就立時躲藏了，因為他看見自己是「赤身露體」的(10節)。為何有這事發生？這樣就開始了偵查的過程。神發出了第一個問題，祂的聲音鋒利有如一把兩刃利劍：「誰告訴你，你是赤身露體呢？莫非你吃了……我吩咐你不可吃的嗎？」(11節)那人回答：「你賜給我、與我一起的女人，是她把那樹上所出的給我，我就吃了。」(12節)於是，耶和華的目光轉過來，投在女人身上，對她說：「你怎麼會做這種事呢？」(13節)女人回答：「那蛇引誘我，我就吃了。」(13節)在這故事中，罪的事實已經不容抵賴，但有「認罪」嗎？沒有！因為他們都不肯承認責任，就像我們的局長一樣。

第二個故事，是大衛。當大衛與拔示巴發生了關係，而拔示巴因此懷孕，大衛想用方法遮掩這事，令烏利亞誤以為孩子是自己的。但大衛不成功，於是就動殺機，使烏利亞在戰場上「被陣亡」。最後，大衛把拔示巴娶了過來。一切都風平浪靜了，因為沒有第三者知道大衛的所作所為。他有需要認罪嗎？當然沒有，因為沒有人知道。

但神知道。耶和華打發先知拿單去到大衛那裏，指證這事。這記載相信我們都很熟識。拿單沒有開門見山指出大衛的錯，而是講了一個比喻（撒下十二 1～4）。這故事太生動和真實了，以致大衛以為真有其事，便顯出其君王本色，嚴詞厲色地說：「我指著永生的耶和華起誓，做這事的人該死！」（5 節）這時拿單就說：「你就是那人！」並隨即宣告神責備大衛的信息（7～9 節），並宣判說：「現在刀劍必永不離開你的家」（10～12 節）。

大衛的反應與伊甸園中的「那人」截然不同，他沒有把責任推卸給別人，而是說：「我得罪耶和華了！」（撒下十二 13）這話開始了一個認罪的屬靈之旅，因為後來當大衛與拔示巴所生的兒子如神所應許的一樣生病，快將去世時，大衛就「懇求神」，「刻苦禁食……躺在地上」（16 節），禁食（17 節），「哭泣」（21 節），直到孩子最後去世，他才回復正常生活（20 節）。大衛的這些動作是演戲嗎？看來不是，因為他期望藉這些自殘的動作激發神的憐憫，但神沒有回應。

大衛所行的，表示了他為自己的行為懊悔、難過、自責，他也坦然地承擔自己行為的結果和神的懲罰（撒下十二14)。大衛所行的,與伊甸園的「那人」有天淵之別。

認罪的元素

當然,大衛並非主動向拿單認罪,因為他以為沒有人會知道自己所行的。但當拿單指證他的罪,大衛沒有用任何方法詭辯。這例子教導我們明白,認罪的操練包括了甚麼元素。

認罪必須正視事實。伊甸園中的人,沒有正視自己的行為所做成的事實,他們想隱藏,要諉過他人,要尋找代罪羔羊,要推卸責任。但大衛對自己所行的,沒有任何砌詞,直接地說:「我得罪耶和華了!」這話簡單而直接地說明了行為(「得罪」),和這行為所「損害」的對象(「耶和華」)。

必須面對公義的神。「我得罪耶和華了」這話,指出在神學上極重要的一點,就是所有罪,不論過程中牽涉多少人,最終所干犯的,是耶和華。所以,認罪最終的對象也是耶和華,而能夠赦罪的,也惟有耶和華。

必須承擔犯罪的後果。在這事上,大衛所得罪的人,尤其是烏利亞,因已陣亡,無法接受大衛認罪,也無法向大衛索取賠償。但這情況並不等於大衛無須負上刑責。拿單的宣告很重要,他對大衛說:「耶和華已經除去你的罪」(撒下十二13),這話的意思是「你必不至於死」。那就是說,所謂「除去你的罪」所指的,是追究的方法,神不會叫大衛為此賠上自己的生命，雖然神絕對有權這樣行。但某程度上，大衛要付的代價一點也不輕，因為神用他與拔示巴所生的兒子，作為大衛的「贖價」，代替他。在這事上，大衛沒有任何討價還價的能力，甚至資格。

必須為自己的行為懊悔，並全心仰賴神的赦免。當大衛的兒子病危，他不再是那位威風凜凜、儀態萬千的君王，而是可憐的、卑微的、甚至是不修邊幅、蓬頭垢面的，這是因為他內心懊悔、難過、憂傷。這一切固然是因為他的兒子病危，但更是因為他自己的罪使兒子落在神的懲罰中，相信他巴不得病危的是自己。詩篇五十一篇把這種為罪痛悔的感受，表達得淋漓盡致：「神所要的祭就是憂傷的靈；神啊，憂傷痛悔的心，你必不輕看。」（17 節）

這四個重點，就是對認罪的剖析；認罪是一段屬靈之旅。

認罪的操練

當我們自覺犯罪得罪神時，就會認罪，這是我們的經驗。但認罪怎樣成為操練？我們要怎樣行才能經歷認罪的操練在屬靈方面的果效？我們應該如何進行這操練？

認罪需要一個準備的過程，以自省為基礎。在這方面，不同的教會有不同的傳統和方法，有些教會會請信徒以十誡為自省的藍本，認真地以十誡的內容檢視自己的生命。有傳統教導信徒以基督對律法的總結，作為自省和認

罪的基礎：「你要盡心、盡性、盡意愛主——你的神。」（太二十二37）

以下是一個以耶穌的話為基礎的練習，幫助我們自我檢視。[1]

我們的主這樣說：
「你要盡心、盡性、盡意、盡力愛主——
你的神。」（可十二30）

1. 我的心是否專注於神，愛祂勝過一切，並忠於祂的誡命，如兒女順服父親？
2. 神曾藉祂愛子向我們說話，我對神的信心是否堅定不移？我是否全心全意地接受基督的教訓？我是否謹慎地在信仰的認識上長進，聆聽神的話，領受信心的教導，避免信心的危險？
3. 我是否每天早晚禱告？當我禱告時，我的心是否提升到神那裏，抑或我的禱告只是重複空洞的說話？我是否把我的困難、喜樂、憂傷全交託祂？在遇見試探時，我會否轉向神，尋求祂的幫助？
4. 我是否愛慕及尊崇神的名字？我曾否褻瀆祂？起假誓？或妄稱祂的名？
5. 我是否藉全心全意的敬拜，把主日及節日分別為聖？

主基督曾這樣說：
「你們要完全，像你們的天父完全一樣。」
（太五48；《和合本》）

1. 我現時的生命方向是朝向哪裏？永生的盼望是否成為我的激勵？我是否從學習禱告、閱讀聖言、默想聖言、捨己，得著靈裏的成長？我是否嘗試控制內心的慾念和陰暗的動機？我是否心存驕傲，自視過高，輕視別人？我曾否把我的意思強加別人身上，沒有理會他們的自由和權利？
2. 我是否按著福音書的教導，善用時間、健康、力量、恩賜？我是否運用這些恩賜追求在每天更完全？還是閒懶，只顧肉身的安逸？
3. 我是否以忍耐接受生命中的憂傷及失望？我有沒有持守禁食和禁戒？
4. 我是否為要成為聖靈的殿，而保持意識及身體全然潔淨及貞潔？我是否願意藉保持潔淨，作為神對人的愛的一個標記，以神聖的婚姻這最佳的形式表達？我是否因邪淫的行為、思念或慾望，玷污了自己？我是否有忠於婚姻生活道德的規例？
5. 我有沒有因懼怕或虛偽而作出違背良知的事？
6. 我是否恆常地學習按著聖靈的律，行在神兒子

> 的自由中，還是我仍是肉身的律的奴隸？

藉這練習，我們為自己的生命進行「盤點」，看看我們屬靈生命的「存貨」有多少，其質量如何。在教會生活中，這樣屬靈的盤點是重要的，因為聖經教導我們要「彼此認罪，互相代求」；這盤點的過程，是很重要的一步。

對個人而言，這練習讓我們體會到認罪之所以是操練，是因為這是個認真的過程，要求我們對自己絕對誠實，正視自己生命的缺口。除此以外，這練習提醒我們，我們是何等需要神的恩典；提醒我們在罪人中，我們是罪魁。但最重要的，是神有恩典和憐憫，正如詩人所說：「(為罪)憂傷痛悔的心」，祂「必不輕看」(詩五十一17)。

認罪的操練，是一條把浪子引領回到父親懷抱中的路。

總結

近代一位詩人席慕容寫過一首詩，名為《歲月三篇》，其中一段的標題是「面具」[2]，大意是說我們都是按自己的願望來訂做面具。

> 有時戴著謙虛　有時候戴著愉悅
> 只有這樣才能活下去罷

於是我們努力把真正的我「澆熄」、「拔除」，而把

一切美德都披掛起來

但令我們冷不提防的，原來是

角落裏那面猝不及防的鏡子

為甚麼？因為這面鏡，會很誠實地提醒我們真正的面目是怎樣的。

認罪的操練就是這面在角落裏的鏡子，常常站在它面前，讓我們無法逃避自我。

十九世紀丹麥哲學家祈克果（Søren Kierkegaard），在他所寫的《清心志於一事》（*Purity of Heart Is to Will One Thing*）中，指出站在永活者的角度看認罪，是「每日無言的焦慮」（"a silent daily anxiety"）。為了說明這點，他說了一個比喻：

有一個人A君犯了事被囚禁，刑滿出獄後，洗心革面，重新做人。後來，他去到另一地方生活，當地沒有人認識他，沒有人知道他的過去，只知道他是個奉公守法的人；他過去的一切都被遺忘了。直到一日，有一名犯人B君逃獄，來到這城市中，碰見A君，認出他就是當年同處一

室的犯人。對A君來說，這簡直是晴天霹靂。自此，每次這兩人在路上碰面時，昔日的種種又再浮現出來，A君立時陷入極度恐懼中。他聽到內心對他控訴的聲音，如雷灌耳。於是，這看來已經重生得救的A君陷入絕望中，這種絕望的感覺叫他癱瘓。為甚麼？因為他已經忘記了認罪這回事，因為他雖然已經洗心革面，改過自新，但這一切改變所欠缺的，是對神完全、徹底的信靠，以致在謙卑的悔改中，他能記得本來的他是怎樣的。[3]

這故事的教訓是甚麼？就是倘若我們把對罪的感覺拋諸腦後的話，那麼我們的悔改只會是短暫的，沒有持久的果效和價值。祈克果認為信徒不止需要認罪一次，而是需要不斷地默想我們所犯的惡，因為當我們愈持久和愈深入地珍惜悔改的機會，所悔改的問題就愈加得到改善，而所產生更生的果效就更大。

所以，我們不要忽視認罪，不要輕看在基督十字架的亮光下審視自己的狀況。這操練能使我們謙卑，也使我們更明白，我們是何等需要十字架的救贖。

禱告

鑒察人心的主，照亮我的內心，使我看見裏面藏著隱而未現的罪。主啊，洗滌我，使我潔白如雪。阿們。

思考問題與實踐

❶ 你感受到罪在你生命中的影響嗎？

❷ 文中所提的伊甸園及大衛的例子，能引起你的共鳴嗎？在認罪這事上，你有何體會？

❸ 為何信徒要學習認罪的操練？

9

要彼此認罪，互相代求
認罪的操練（二）

雅各書五章 13 至 20 節；約翰福音二十章 19 至 23 節；
馬太福音十八章 15 至 20 節

美國有線電視新聞網（CNN）在二〇〇八年曾報導，當時美國有一個現象，就是在互聯網上出現了一些網站，專門讓人「告解」（confession）。例子之一，是其中一個網站 mysecret.tv；這是由美國奧克拉荷馬洲（Oklahoma）的十三間教會聯合設立的，在二〇〇六年投入服務，至二〇〇八年已經有超過三萬人在這網上「告解」，而每日點擊人數竟達一百三十多萬！這些網站愈來愈受歡迎，原因是任何人都可以在匿名的情況下，把最個人的私隱訴說出來。社會上對這些網站的反應有好有壞，意見不一。我們不必在這裏討論這些「告解」的可信性，但這現象至少反映了一件事情，就是不論社會裏各人的信仰背景如何，確有多人需要傾訴的對象。因為他們內心背負著各樣重擔，正在迫切地尋找出路。

這情況讓我們看見，彼此認罪其實並不過時，甚至在現今的社會中，仍有很大的需要。作為教會，作為一個罪人的羣體，我們或許要重新認識彼此認罪的屬靈操練，在教會生活和信徒的牧養中的作用。

從聖經看起

根據我們的經驗，一般只會在講述得救見證時約略承認和講述個人所犯的罪。除此以外，認罪都是個人內心向神表達和進行的，沒有第三者在場，事後亦不會與第三者講述，所以認罪完全是個人的事。但雅各書中卻有這話：「所以，你們要彼此認罪，互相代求，使你們得醫治。義人祈禱所發的力量是大有功效的。」（五 16）明顯地，對雅各書的作者來說，彼此認罪是好事，甚至是必須的，因為這聽來不似一些溫馨提示之類的說話，而是帶有權柄的教導和吩咐。若是如此，原因何在？我們今天也應彼此認罪嗎？這樣行又有何作用？

雅各書有關彼此認罪的教導，是在一段討論禱告功效的經文內出現。在這段經文中，作者把禱告與醫治相提並論，顯示出兩者的關係：「你們中間若有人病了，他該請教會的長老們來為他禱告，奉主的名為他抹油。出於信心的祈禱必能救那病人，主必叫他起來；他若犯了罪，也必蒙赦免。」（五 14～15）「抹油」與醫治有關，但並不是今天所講的神蹟醫治，因為所用的油，事實上是醫治用的，是帶有藥效的油。因此，「抹油」是工具，藉用油和手的接觸，在醫治者和病人間建立起聯繫，同時激發和建立病人的信心。但最終帶來醫治的，不是油，而是信心的禱告。因為雅各書的教導所著重的是兩個主要元素，就是信心和赦罪：「他若犯了罪，也必蒙赦免。」（15 節下）這叫我們聯想起耶穌所行的（太九 5～7；可二 8；路七 14；約五 8），而根據學者指出，這一切其實都是效法耶穌所行的。

在這大前提下，作者說：「所以，你們要彼此認罪，互相代求，使你們得醫治。義人祈禱所發的力量是大有功效的。」（雅五 16）經文所講的醫治，似乎是上文所講，藉長老抹油和禱告而得的醫治的延續，但範圍卻是擴大到教會整個羣體中，而醫治的渠道就是「彼此認罪，互相代求」。這話所指的，也是禱告，似乎經文使我們認為，彼此認罪是互相代求的前奏或準備，而互相代求以彼此認罪為前提，因此是性質和作用頗為特別的一種互相代求。作者的意思似乎是，如個別病人因長老的禱告而得醫治，那麼教會作為一個羣體，也會因彼此認罪互相代求的操練而得醫治。罪，不論是何性質，是侵蝕教會健康的病毒，而彼此認罪互相代求，是治療的藥。

因為雅各書極可能是在公元一世紀內完成的，所以這卷書的記載反映這時期內教會生活的面貌。在這前提下，在教會歷史的最早期，彼此認罪似乎是教會生活的一部分，而且各人很可能是在公開場合認罪。但最重要的是，認罪的目的其實是要挽回犯罪離開真道的肢體，重新建立他成為教會的一分子。

認罪的過程

新約中有些經文，從不同的角度表現同一幅圖畫。在約翰福音二十章的記載，耶穌在復活當日晚上向門徒顯現（19 節），並差遣他們：「父怎樣差遣了我，我也照樣差遣你們。」（21 節）然後，耶穌做了一個很重要的動作，就是向他們吹一口氣，並說：「領受聖靈吧！你們赦免誰的罪，誰的罪就得赦免；你們不赦免誰的罪，誰的罪就不得赦免。」（22 ～ 23 節）

我們可以把耶穌的話理解為一個認罪的過程，這過程可以是公開的，也可以是私下進行的，可能是犯罪者主動認罪，也可能是被揭發後知錯悔改。在這情況下，經文反映了教會處理罪的過程，一方面將罪惡暴露出來，但同時把犯罪的人挽回，引導他得著更新和建立。所以，認罪和赦免是以教會整體為前設，而不是個人權柄的發揮。另一方面，教會行使這權柄的前設是基督的差遣，而這差遣的基礎是神給予耶穌的使命。耶穌從聖父所領受的是甚麼使命？就是使人知罪，以及藉著信心得蒙赦免（約三 17 ～ 21）。這是耶穌所領受的權柄，而教會亦是在這基礎上，向知罪和認罪的人宣告赦罪。這樣，當教會向認罪的人宣告罪得赦免時，也同時把這人再次帶到基督面前，讓基督赦罪的恩典臨到他，擁抱他，醫治他。這樣，這因犯罪而離開神的浪子，在赦免中便得以回家。

約翰福音二十章22至23節很多時候給提出來，與馬太福音十八章18至20節作比較。馬太福音的經文也是關乎教會如何挽回犯罪的肢體（15～17節），提到若有人犯了罪，教會需多方地勸勉他，使他知道所犯的罪。若有肯承認的，「你就贏得了你的弟兄」（15節）；倘若對方經過多方的勸勉，仍不肯承認，就「把他看作外邦人和稅吏」（17節）。相信這裏所指的，是教會向認罪的人宣告赦免，而向不願意認罪的人，宣告他要承擔自己的罪，甚至將他驅逐出教會。蒙赦免，就是得釋放，而不願意認罪悔改，就是被捆綁（18節）。

馬太福音的經文還有一處值得注意，是經文似乎把這事放在一個禱告代求的處境中（十八19～20）。這禱告代求是於基督耶穌的臨在下進行的（20節）。按照猶太人的習慣，崇拜聚會最少有十個人，但耶穌所應許的同在，人數遠比這數目少，反映基督的同在是肯定的；基督願意、樂意，甚至渴望與人同在。那麼禱告的內容是甚麼？相信就是認罪的代求：「若是你們中間有兩個人在地上同心合意地求甚麼事，我在天上的父必為他們成全。」（19節）在這禱告中，基督帶著祂的赦免臨在這兩、三個人中。這小小一個羣體，成了犯罪的人獲得醫治、更新的途徑。耶穌的話令我們想起雅各書裏的話：「義人祈禱所發的力量是大有功效的。」（五16）

彼此認罪的作用

對我們來說，彼此認罪似乎很陌生，很遙遠，因為在我們當中，甚少實踐這操練。可能我們都有同樣的掙扎或為難之處：要向別人承認自己犯罪，並要向別人講述自己錯誤的行為，不是很難為情嗎？在認罪之後，還有面目見人嗎？即使我們願意，也有需要，但誰能接受我們認罪，向我們宣告赦免？

其實，在日常生活層面，彼此認罪這事比我們想像中更常見。

我們或許都曾收聽一些電台的「烽煙」（phone-in）節目，由聽眾致電電台，在節目中傾吐心意和煩惱，而主持人有時會給致電的人一些鼓勵、安慰，甚至簡單輔導，或向他們介紹一些機構，讓聽眾可以尋找專業協助。這些例子說明了一點，就是在日常生活中向別人認罪或懺悔（confession），時有發生，會有人向我們傾吐心事，向我們訴說心中煩惱，而很多時候，從這些傾吐中隱約間會聽到某程度的罪疚感、焦慮、恐懼在其中。在這些情況下，傾吐的人除了抒發情緒外，也正在尋求安慰、鼓勵和肯定，而相信我們在這些情況下，也會盡我們所能給對方安慰和鼓勵。所以很多時候，我們不知不覺間成了一個接受或聆聽「懺悔」的人，聆聽對方訴說苦痛，把神的安慰和祝福帶給這人。反過來說，我們也很多時候不知不覺間向別人傾吐心聲，成了一個懺悔者，等候得著安慰和鼓勵。彼此認罪就這樣發生了。

站在屬靈成長方面看，彼此認罪有甚麼正面作用？

1. 彼此認罪會**令我們更正視罪的真實**。若我們只是個人在內心中向神認罪的話，危險之處是我們可能沒有認真對待罪的真實，也沒有認真對待神的赦免。當這兩種情況出現時，我們就會陷入自以為義，甚至是假冒為善的虛偽中。但當我們能夠向別人認罪，情況就不同，因為我們需要用自己的話講述所犯的罪，這樣罪就會變得更真實，而我們也不能繼續對它視而不見了。

2. 德國神學家潘霍華在他所寫的書《團契生活》（*Life Together*）中指出，罪令人落在一個孤單的環境中，因為罪使人隱藏自己，就如在伊甸園的人一樣。[1]但在彼此認罪時，**罪帶來的孤單被突破了，罪的轄制也被粉碎了**。這時候，基督的團契得以建立，因為在我與這位聽我認罪的弟兄之間，我們建立起一種彼此負責的關係，這關係很自然地能夠把肢體相交的生活，提升到更高（或更深）的層次。相信這就是雅各書說「彼此認罪，互相代求」的意思。認罪與代求是相連的，所以在這關係中，雙方面也建立了這樣負責任的關係。更重要的是，因為教會是基督的身體，因此當我們向一個弟兄認罪時，我們不只突破了罪的轄制，也突破了罪所帶來的孤立，能夠進入基督十字架的羣體中，在肢體相交中領受基督的臨在與赦免。

實踐彼此認罪

在操練認罪的過程中，我們需要有深入、認真和誠實的自省。在這自省的過程中，當我們發現內心或屬靈生命出現了問題、偏差（如對神不專一，或察覺有驕傲、自私、虛假等），我們就需要向別人認罪。但誰能接受我們認罪？在大公教會中，只有領受聖職的神父可以接受認罪和宣赦；在聖公會的傳統中，除牧師外，也有一些受過訓練的人可以接受認罪；而在其他的傳統，彼此認罪很多時候是在屬靈指導（spiritual direction）的場合進行，由曾受訓練的靈修導師帶領。除了這些情況，相信大多數接受認罪的，都是教牧人員。在某些情況下，倘若教會中有屬靈長者，或有一些可信任的、有屬靈識見，在信仰和屬靈上具成熟的程度，又具備個人品格的導師，也可以作為接受別人認罪的人選。

彼此認罪之時，我們可以參考這程序：[2]

禱告：奉三一神的名禱告。

聖言：可選讀以西結書十一章 19 至 20 節；馬太福音六章 14 至 15 節；馬可福音一章 14 至 15 節；路加福音六章 31 至 38 節；約翰福音二十章 19 至 23 節；羅馬書五章 8 至 9 節；以弗所書五章 1 至 2 節；歌羅西書一章 12 至 14 節，三章 8 至 10 節、12 至 17 節；或約翰一書一章 6 至 7 節、9 節。

陳述：由認罪者講述要認的罪。

安慰：接受認罪者向對方作屬靈的安慰、指導、勸勉。

認罪：由認罪者向耶穌認罪。（路十八 13）

宣赦：「基督進入世界，為要拯救罪人。基督在十字架上親身背負了我們的罪。藉著祂和聖靈的恩典，神要赦免你的罪。」

肯定：宣告「過犯得赦免，罪惡蒙遮蓋的人有福了」（詩三十二 1）！當在主裏面喜樂。平平安安地回去吧！

作為接受別人認罪的人，要知道自己所承擔的是一個嚴肅的責任，因此在屬靈上必須有充足的準備。《屬靈操練禮讚》一書中，對接受認罪的人有以下建議：[3]

1. 首要的是好好**準備**自己，其中最重要是要學習活在十字架下。這樣做的作用是叫我們正視罪的可怕，以致我們不會因別人的罪而產生懼怕，或因此而輕視認罪的肢體。因為我們自己也是罪人，並且是罪人中的罪魁，這樣我們就不會落在屬靈的驕傲或錯誤的優越感中。我們也知道如何避免在屬靈上控制那向我們認罪的肢體，因我們都知道恩典是何等重要。
2. 我們要**祈求**基督的亮光進入我們的生命中，也祈求我們的生命能成為這光的反射，這樣別人就可以從我們身上感受到神的愛與赦免。我們也要祈求辨別的恩賜，能夠知道神的醫治和赦免是否已經進入認罪者的內心。

3. 我們要學習**安靜**，以致在接受別人認罪時，不會說出無謂的說話，也不應為好奇而挖掘別人的私隱。要讓對方有自由和空間，說出要說的話。
4. 藉著**禱告**，讓整個過程都在十字架的光照下進行，讓認罪的人知道是基督聆聽他的話。在認罪的人陳述自己的罪時，心中要不斷地為他禱告。
5. 到最後，要奉基督的名，向認罪的人**宣告**罪得赦免，並藉著**按手**讓他知道，神的醫治和憐憫要進入他的生命中。
6. 倘若在聆聽的過程中，你察覺對方實在需要更深入、更專業的輔導或醫治，就應該鼓勵他尋找教牧，由教牧作更深入的牧養和醫治，或轉介專業機構。

總結

若我們能善用「彼此認罪，互相代求」的事奉，教會肢體的相交生活相信會更深入，而不會停留在泛泛之交的層面。分享時，亦不會只停留在分享家庭、工作的瑣事，而是能夠分享靈裏的掙扎、困惑、失敗和跌倒。在這些時刻，我們就可以發揮互為祭司的職分。這是我們都要渴望達到的教會生活的境界，是我們教會生活中所要追求的目標。

禱告

鑒察人心的主，憐憫我，因為我是罪人。主啊，若我令人跌倒，求主憐憫。主啊，倘若有弟兄需要一個聆聽者同行，幫助我，能作為這弟兄的手和腳。阿們。

思考問題與實踐

❶ 你曾向人傾吐自己的失敗或過失嗎？在其中有何經歷？

❷ 當別人向你傾訴時，你有何反應？

❸ 在認罪時，你與神的關係會有甚麼改變？

10

鑒察我、試煉我、知道我
屬靈辨識的操練(一)

詩篇一百三十九篇 23 至 24 節

印象中，香港很少生鏽的汽車，但在美國就見得多。我在一九八〇年到美國深造神學時，就買了一部生鏽的舊車。汽車生鏽的主因，是鹽。神學院的所在地冬天十分寒冷，會下雪，甚至下冰雨。每遇這些日子，交通就會大混亂。為了使冰雪盡快融化，市政府會出動「鹽車」在街道和高速公路上灑鹽。當冰雪融化後，路上的水都帶有鹽分，因此若不清洗汽車，就會造成鏽蝕。鏽蝕的位置一般是車底，所以若不仔細察看，很難會發現。

以這情況作為我們生命的寫照，何等適切。希臘哲學家蘇格拉底（Socrates）有一句名言：「沒有經過檢視的生命，是不值得活的生命。」（"An unexamined life is not worth living."）我們都很忙，以致忽略了檢視自己內心的各種思想、念頭和動機。這些思想往往很深地埋藏在我們的內心和意識中，經常在不經意的情況下影響、左右，甚至支配我們的思想和行動。久而久之，成為了習慣，成為了我們對外界的事物和刺激的本能反應。

所以，在屬靈操練上，我們都要學習屬靈辨識（discernment）。甚麼是屬靈辨識？操練屬靈辨識有何好處？我們如何實踐這操練？

從聖經看起

讓我們先回到聖經，尋求教導。

馬太福音六章22至23節很值得我們深思。這段經文所講論的，是基督的門徒當如何看待物質財富。這段經文亦在路加福音十一章34節出現，但所談論的卻是截然不同的主題——基督的身分。因此可見這段經文原本是一句獨立的諺語或箴言，適用於不同的處境中。不過，不論馬太福音或是路加福音，對這諺語的運用有一點是相同的，就是人的眼睛如何，直接影響人內心的狀態。若眼睛明亮，那麼這人的內心就會充滿光明。相反，若眼睛昏花，那麼這人的內心就會充滿了黑暗。這似乎是路加福音的理解。

其實，我們可以從另一角度來理解這句諺語。若人的「眼睛是身體的燈」（太六22），那麼光源在哪裏？就是在人的內心。這似乎是馬太福音的理解。倘若人的眼睛明亮，那顯示這人的內心充滿光明。相反，倘若人的眼睛昏花，就顯示他的內心沒有光明，只有黑暗。

不論眼睛是向外還是向內照射的燈，其中的喻意都是指向人內心的動機和意念，而眼睛明亮與昏花所表達的，是人內裏隱藏的動機是單純的還是混雜的。若動機是單純的、「明亮」的，那麼人就能察驗神的旨意。若動機是不明、「昏花」的，人就不能察驗神的旨意，結果是偏離了神的道路，落在撒但的網羅中。

洞察自己內心的動機和意念，是很重要的屬靈操練。詩篇一百三十九篇是很好的例子。在這篇詩篇的結尾，詩人這樣禱告：「神啊，求你鑒察我，知道我的心思，試煉我，知道我的意念；看在我裏面有甚麼惡行沒有，引導我走永生的道路。」（23～24 節）這詩篇的主題，就是神對詩人透徹的了解和認識。詩人很深刻地感受到神在他的周圍環繞著他，又因為神的同在充滿了宇宙，所以不論詩人逃到任何地方，神的同在依然包圍著他。在神面前，詩人自覺不能隱藏，因為他生命的形成，在人看來是神祕莫測的，在神卻瞭如指掌。既是這樣，神對詩人還會有甚麼不認識之處嗎？

既是如此，詩人為甚麼還要向神禱告，求神鑒察他、知道他和試煉他？這三個動詞，聽來是個連貫的動作，一步比一步深入，一步比一步嚴謹、嚴厲。所謂「鑒察」，是指研究、剖析，而「試煉」更加是指對金屬，如金或銀的提煉，把雜質除去的過程，有時候亦會用於神對人信仰和道德的考驗（耶十一 20）。提煉金屬的過程，是一個區別的過程，把無用的雜質除去，讓純正的物質留下。過程中，除了要用適當和適量的化學品外，所需的是熊熊烈火。經過一番提煉後，純正的金或銀就會被提取出來。所以，用「試煉」作為屬靈辨識的象徵，是十分貼切的。因為辨識正是一個分別、區分、識別的過程。

詩人求神嚴正地鑒察他和試煉他，所表達的是他對神完全順服的心，完全接受神的檢視、鑒察，毫無抗拒。為甚麼？因為他深知自己內心的態度和思想，完全符合神的旨意。神的旨意是甚麼？就是公義。所有行不義者都是神的敵人，因此也是詩人的敵人。這就是詩人在一百三十九篇 19 至 22 節所要表達的，經文中所用的憎恨的語言，聽來刺耳，卻是絕對有力的修辭方式，表達詩人內心的動機和取態。他嫉惡如仇，十分肯定內心中沒有絲毫違背神的地方。因此他能夠，也願意，甚至可以欣然接受神的鑒察和試煉。這樣的語言，是出自一個深懂屬靈辨識的人的口。

為甚麼詩人用如此強烈的詞彙？詩人的話並非無的放矢，而是因為有真實的需要。他遭受別人誣告或攻擊，指他對神不忠心，他感到受委屈，所以到神面前申訴。在對神的忠心受到質疑時，詩人進入了深刻的反省，他在神面前認真地檢視內心，追溯他內心意念的轉變，認真地辨別他對人對事的行動和動機。經過這過程，他對神和對自己的認識都有所加深和提升。這辨識的操練，使他對神更忠心、更坦然。神的鑒察，就是他防犯罪惡的防線。

內心的動機

詩人的話讓我們明白，在屬靈辨識的操練中一個重要的範疇，就是我們內心的動機。

我們有時會聽聞有關偽鈔流入市場的消息，有些假冒手法拙劣，但有些則十分高明。為防止偽鈔影響金融市場不穩，香港政府經常提升鈔票的防偽技術。當一名商店售貨員收到一張大額鈔票時，他會第一時間作出辨認。對我們內心的動機進行屬靈辨識的作用，也是如此。第四世紀時，一位教會領袖約翰．迦仙（John Cassian）用煉金師作為比喻，教導信徒要用同樣嚴謹的態度來審視內心的思想。他教導我們用以下一系列問題來檢視自己的內心：

1. 這些思想是否充滿著美善？
2. 這些思想是否充滿著對神的敬畏？
3. 這些思想背後所包含的感覺是否真實？
4. 這些思想是否出於個人炫耀或標奇立異的動機？
5. 這些思想是否因人的虛榮以致失去了價值？

另外，有人把這操練比喻作除雜草。在美國迪士尼，到處都是一片又一片綠油油的草地，但令我印象深刻的，是在這些草地上，總有一些工人蹲在地上，用手拔除草坪的雜草，即使烈日當空也是如此。為何這些工人要這樣做？原因是迪士尼樂園對草地的質素有一定的要求，不能有雜草在其中。所以，在這個被譽為全球最快樂的地方內，有一羣工人專責每日蹲在草地上，用手把雜草拔除。

眾所周知，雜草是永遠除不完的，今天拔去，過幾天仍是會長出來。所以，這是不會停止的工作。

這個比喻聽來有點不人道，不過屬靈辨識確是如此，是一個不會停止的過程。因為惡念要闖入我們內心密室的企圖是不會停止的，所以這檢視的過程必須持續進行。

對事奉神的人來說，不論是教牧、教會的長執、部長或一般義工，都應該進行檢視自己內心的動機的操練，因為這樣我們會了解我們為甚麼事奉神，我們為甚麼承接所分配的工作。很多時候，教會中起了紛爭、不和，甚至激烈的衝突，原因是我們沒有正視自己事奉的出發點和動機。其實在每次開會前、事奉前，我們都應該撫心自問，我承擔這責任是為要榮耀神嗎？還是有其他私心、目的或隱藏的議題？如果我們能坦白地面對這些動機，那麼所作的事奉便會蒙神喜悅。倘若我們發覺動機中有不純正的、不正確的念頭，那麼就要趕快除去它，求神更新我們的心意。否則，所作的事奉不會蒙神悅納，甚至會成為另一種炫耀和虛假。

辨別神的同在

屬靈辨識的操練的另一層面，就是辨別神的同在。

詩篇一百三十九篇另一處令我們印象深刻的，是詩人對神的同在有極高的敏感度。這正是我們時常要問的問題：我如何能夠察覺神的同在？因為神是無形無體的，要察覺祂的同在及運行，的確不是容易的事。但困難並不等於全無可能。

若要辨別神的同在與運行，必須有一先決條件，就是要渴慕得著神的同在。這是最明顯不過的，因為若沒有這種愛，以及產生自這愛的渴慕，雖然嘴裏嚷著要得著神的同在，或經歷神的同在，實際上我們可能只想滿足個人的好奇，甚至操控神的同在而已。這種態度，在聖經中可以找到很多例子。以賽亞書五章 19 節用引述的方式，指出在先知以賽亞的時代，猶大人的屬靈狀況到底如何：「他們說：『任以色列的聖者急速前行，快快成就他的作為，好讓我們看看；任他的籌算臨近成就，好使我們知道。』」他們渴慕經驗神的同在嗎？當然，但這渴慕並非出自愛神的心，他們只是想試探神。他們的口說願神「快快成就他的作為」，卻不是出於敬畏；他們只想挑弄神，甚至是挑釁神；在他們心中，神早已不存在。

當我們說，我們願意經歷神的同在時，是出於愛神的心嗎？當我們感覺失去神的同在而有所掙扎，這是出於真誠的渴慕嗎？落在這樣的景況中，是我們要檢視自己內心動機的時候。當我們確定內心的渴慕是出於真誠和正確的動機時，我們就有方法嘗試尋找神的同在。

從事靈修指導的人曾有這樣的經驗，就是在辨別神的同在時，有兩個關鍵的問題要處理：（一）今天哪個時刻我是最滿心感謝的？（二）今天哪個時刻我是最缺乏感謝的？當我們能夠每天向自己提出這些問題，又能認真地回答，我們所做的，其實是檢視我們對神的意識（consciousness）。若我們能持之以恆，我們就能學習辨別神的同在。

我們可以每天抽出十五分鐘，找一個安靜的地方安頓下來。若環境許可，可以燃點一支蠟燭，作為神同在的象徵。然後重溫那天已度過的每一刻，由早上醒來至當時的一刻為止。在這些時刻裏，哪個時刻是令你最感恩的？在哪個時刻你最滿有喜樂？感到最有活力？在禱告中為這些恩典感謝神。

再回想這天已度過的時刻，由早上醒來至當時為止。在這些時刻中，有哪些事使你無法感恩？例如與別人相處出了問題？感到挫敗？混亂？或許你內心有難過、苦痛、苦澀？在禱告中，把這些逐一帶到神面前。

最後，回想這天有甚麼事情幫助你面對其中的困難或傷痛。若有，為這些向神獻上感謝。若沒有，則求神賜你恩典，幫助你在生活的難處中尋找祂。

做這自省的練習，其實不一定限於某特定的時刻，而是可以把它融入生活的每個片段。這樣我們就能夠訓練自己聆聽和辨別神的聲音，更深地體會祂的同在、同行。

總結

詩篇一百三十九篇的詩人所具備的屬靈的識見，確實令人羨慕。在三言兩語間，他已經能夠讓我們清楚確切地看見，一切屬靈操練，歸根結底，離不開兩個目的：（一）

清楚地認識自己(詩一三九 23);(二)好叫我們能夠行在正途中(24 節)。教父奧古斯丁(Augustine)說:「啊,永恆不變的神,教導我認識自己,教導我認識祢!」

在這方面,屬靈辨識是必須的操練。讓我們一同領受藉這操練而來的恩典。

禱告

主啊,光照我的內心,賜我內心的光明,以致黑暗無法隱藏在裏面。主啊,幫助我,在生活各個片段或零碎的意識中,領受祢的同在。阿們。

思考問題與實踐

❶ 你對自己行事為人的動機有多認識?

❷ 你曾嘗試認真地檢視自己做事的動機嗎?

❸ 這些動機讓你對自己有何認識?

11
我的羊認識我的聲音
屬靈辨識的操練（二）

約翰福音十章1至6節

我們都知道人的聽覺十分靈敏，但也十分脆弱。據粗略估計，全球人口中有十分之一是有聽覺障礙的。據世界衛生組織（WHO）在二○○四年的統計，全球有二億七千五百萬人有中度到深度聽覺損害，其中百分之八十來自低至中等收入國家。在二○○五年，美國布蘭戴斯大學（Brandeis University）的研究人員發現，一些聽覺出現問題的長者，連記憶力也受負面影響。研究人員發現，患有輕微至中度失聰的長者，因為他們要花額外的精力才能聽得準確，結果他們對語言的記憶力也受影響，即容易忘記剛才聽過的說話，而同年齡但聽覺正常的人，則沒有這問題。因此，聽覺與認知能力有緊密的關係。

我們肉身的聽覺可能都沒有問題，但屬靈的聽覺又如何？

從聖經看起

經文所記載的比喻，我們一點也不陌生。這裏所形容的是牧人與羊的關係。這關係是如何建立的？就是藉著聲音和聆聽；牧羊人發出聲音，羊聽取這聲音，關係就是這樣建立的。羊雖然常被視為不大聰明的動物，但仍有辨認聲音的能力。每個人說話的聲音音質、聲調高低、抑揚頓挫等都不同，若一隻羊要能辨認牧人的聲音，必須經過一段時間的接觸和熟習。

羊能夠辨認聲音，反映雙方的關係已建立到某程度。羊會聽見從四面八方傳來的聲音，只要牠在這紛雜的聲音中聽見一個熟識的聲音，就會很自然地跟在這聲音的後面。這熟識的聲音，讓這些既缺乏安全感又沒有自衛能力的羊得著最需要的平安。有時候羊或許會走失，但這熟識的聲音會呼喚牠們回歸正路。這熟識的聲音，把羊吸引到牧羊人的身旁。

為甚麼耶穌要講這比喻？這卷福音書的作者藉這比喻所要討論的，是人如何得知耶穌的身分。經文上文記載了一個生來是瞎眼的人得醫治的經過，以及因這神蹟所引發的爭論。在這爭論中，一方是飽學之士法利賽人，另一方是個生來是瞎眼的人，這人時常被人懷疑，是否因別人或父母犯罪而遭「天譴」，以致生來瞎眼。當這故事逐步展開，我們發覺原來瞎眼也有不同的種類，除了肉身的瞎眼外，也有心靈的瞎眼、屬靈的瞎眼、對真理的瞎眼。到故事結束時，我們發現這些法利賽人雖然是飽學之士，卻比這生來瞎眼的人更是瞎眼的。為甚麼？在故事結束時，當這得見光明的人被猶太人逐出會堂，耶穌主動去尋找他，問他說：「你信人子嗎？」（約九 35）這人雖然滿心願意，但他從未見過人子，如何相信（36 節）？當耶穌表明身分後（37 節），他立刻說：「主啊，我信！」就拜耶穌（38 節）。在這下拜的一刻，這名得醫治的人不單肉身的眼睛開了，連心靈的眼睛也同時開了。這名剛被逐出會堂的人，成了耶穌的門徒。

這醫治的神蹟，可以解讀為一個人如何辨別屬靈權柄真偽的經過。這名生來瞎眼的人和法利賽人都同時進行這辨別；他們所面對的，是相同的事實、環境、情況和條件，卻得出完全相反的結論。為甚麼？這與辨別的能力有直接關係。耶穌的比喻是要讓人明白，那些願意跟從耶穌的人，都是因為聽見和辨別出祂的聲音而跟從祂；那些不懂得辨認的，不會跟從祂，仍然在黑暗中行走。

認識屬靈辨識

這醫治的神蹟，並耶穌所講的比喻，讓我們清楚看見，在屬靈操練中辨別的重要。信徒不單要學習辨別自己內心的動機，更要辨認耶穌的聲音。但我們可以如何進行這操練？

在教會屬靈操練的傳統中，這種辨別的操練被稱為「辨別諸靈」（discernment of spirits）。「辨別諸靈」曾在哥林多前書十二章 4 至 11 節中出現，保羅在經文裏列舉出一系列屬靈恩賜的分類，其中有教導性的（8 節），與行神蹟有關的（9 節），以及與宣講有關的（10 節）；「辨別諸靈」屬於第三類。驟眼看來，這話容易令人誤解，以為所指的是一種超自然法力，能夠讓人分辨出邪靈或魔鬼的出現或活動，使人聯想起驅魔人。但保羅在這裏所指的，是與前面一句「又有人能作先知」有關。「作先知」是有人在崇拜中受神的感動而講話，而辨別諸靈是解釋所宣講的話是甚麼意思。

到教會歷史後期，辨別諸靈的運用和意義，與哥林多前書裏的意思有所不同。在教會屬靈操練的傳統中，所謂「靈」有幾方面的意義，其中之一就是指人的精神和內心的活動，這些活動可以有善的源頭，就是神，也可以有惡的源頭，就是撒但。辨別諸靈的目的，是要人學習分辨這些靈，分辨哪種靈在影響我、催迫我、驅動我採取某項行動，或作某個決定。操練辨別諸靈的目的，是學習追溯和分辨正在影響著我們的各種感覺或意念的源頭，到底是來自神的，還是來自撒但的。能夠辨別來自良善的靈（即神）的影響，我們就知道應朝向哪個方向，或甚麼行動是正確的。若能辨別來自惡的靈的影響，我們就知道應該避免甚麼。

辨別諸靈因此與我們的信仰生活、屬靈生命的建立，甚至為人生作抉擇，息息相關。

影響我們的感覺

在教會領袖中，對於靈對人的靈性產生的影響有深刻認識的，莫過於依納爵（Ignatius of Loyola）。他是天主教修會耶穌會（Jesuits）的創辦人，是貴族的後人，在一四九一年於西班牙巴斯克（Basque）地區出生。成為修士前，他是名軍人，他貪愛世界，天性愛美，頗受女士們歡迎。在一五二一年，他在戰場上受了傷，一個親人在他療傷時給了他一些屬靈書籍，讓他打發時間。他其實並不熱中於屬靈生活，但沒有選擇下只好閱讀那些書籍。他閱讀的時候感到奇怪，因為他開始對教會聖徒的生平感興趣。他想，如果某聖徒能這樣行，或許我也可以？他又察覺到當他這樣想的時候，內心有一種平靜的感覺。另一方面，當他回想昔日從軍時種種戰績，以及如何博得女士們歡心時，這些過去曾令他感到自豪的經歷，現在卻令他感到一陣枯乾。他逐漸明白這些令他喜樂或枯乾的感覺，原來是神帶領他走上服事道路的方法。那些令他感到喜樂的和溫暖的感覺，是神呼喚他走向祂自己。這意識展開了依納爵對辨別諸靈的探索，目的是要尋求神在人生命中的旨意。這操練成了依納爵靈修操練的核心和精髓，值得我們思想和學習。

依納爵對信徒靈性的活動，有很深刻的反省和分析。他指出信徒是不斷地受兩類感覺影響著，他稱這些感覺為「靈」。第一類是「安慰的靈」（或「神慰」，consolation），所指的是人內心的推動，使我們在創造主的愛中，開始燃燒、熾熱，因而對其他任何受造物都不感興趣。而一切與信心、盼望、愛心有關的，或凡能將人引到聖父面前的事，或能激動人樂意傳福音的，都是來自這安慰的靈。第二類「靈」與第一類的相反，依納爵稱之為「枯乾的靈」（或「神枯」，desolation）。當我們感到靈魂昏暗、內心煩擾、或傾向卑賤的事時，就是神枯的經驗。這時我們會感到信心軟弱，缺乏信心、盼望和愛心，對屬靈的事會失去興趣和動力，甚至漸趨冷淡。所以簡單而言，讓我們與神親近的，是安慰的靈，而引導我們離開神的，是枯乾的靈。

依納爵提醒我們，若單憑表面直覺，讓我們覺得與神相離的靈其實一點也不「枯乾」，反而會叫我們興奮，令我們感到一陣快樂。因為它會藉很多很美好的屬世的想像、憧憬和滿足來吸引我們離開神，繼續在罪惡的路上行走。當一個信徒要在真道上努力扎根時，撒但會在他腳前放下很多絆腳石，攔阻他，叫他跌倒、放棄。另一方面，當一個信徒正享受與神很親密的相交時，他也許會落在一段靈性枯乾的時期，如對屬靈的事物提不起興趣、內心不安、沉重、混亂等。依納爵提醒我們，這些經驗不一定來自撒但，反而可能是神刻意用這些經驗來提醒我們要更加倚靠祂，要知道我們是憑恩典而活，教導我們謙卑地與主同行。

當我們了解這些靈的存在和作用，我們就要知道如何應對。依納爵的提醒和教導十分重要，當我們正在枯乾的靈的影響下，千萬不要對現狀作出任何改變，或作出新的決定。倘若我們不願意祈禱，我們不要順著這傾向而停止祈禱。同樣地，當我們感到沒有動力參加崇拜，或與弟兄姊妹相交時，千萬不要停止聚會。這些情況顯示枯乾的靈正在動工。當我們察覺枯乾的靈正在動工時，我們就要採取與它相反的行動，更迫切地禱告、更熱誠地投入和參與敬拜，更專注地讀經。依納爵甚至教導我們，當感到枯乾的靈在我們內心干擾我們，我們不但不要改變原本的靈修生活，更要用實際行動提升和加強，如探訪肢體、協助教會事務、作義工等。

最重要的是要忍耐，要有耐性，因為過了一段時間後，這枯乾的靈就會逐漸消退。倘若我們能忍耐到底，我們屬靈生命的根到時就會扎得更深、更穩，對基督的愛會更單純、更專一。

那麼，當我們正享受神慰的喜樂時，是否可以安枕無憂？當然不是！依納爵這樣提醒我們：當我們浸淫在神的安慰中，要居安思危，要知道枯乾會隨時臨到，要控制我們。因此在這屬靈的高峯期，我們更要謙卑，要儲存力量，更要意識到恩典的重要。

實踐屬靈辨識

若要學習辨別諸靈，有何具體的方法？以下是依納爵所教導的省察方法：[1]

1. **為所領受的恩惠感謝我們的主**。這些恩惠包括我們所領受的食物、工作、人際關係等。

2. **求賜聖靈，使能認清自己的罪過，並加以悔改。**因為我們進行的，並非一般的自我檢視，而是在神的同在下進行，所以必須要有聖靈的帶領。

3. **省察自己，自起牀至這時刻，逐步反省。**先考察思想，後考察言語，最後考察行為。在醒察之時，向神求問：

   主，在這事上祢要教導我學習甚麼？

   主，在這事上我怎麼沒有回應祢？

   主，在這事上我曾如何回應祢？

4. **求主寬恕種種罪過。**為自己沒有準確地回應神的呼喚而認罪，心中難過卻不悲傷，並認定這些呼喚是神表達對我們的愛的渴望。

5. **靠主恩典，立志改過。**憑信心，以堅定的盼望和更大的謙卑，迎向明天。要緊記保羅的教導（腓三7～14）。

最後以主禱文結束。我們可能都察覺到，這五個步驟其實是一個禱告的「五部曲」，其目的是幫助禱告的人更深地察覺神的帶領，更清楚知道神的旨意是甚麼。從事靈修指導的人會教導我們，應該每天至少在晚上這樣禱告一次，每次需時十五分鐘。我們也可以多次這樣禱告，從而可以更了解我們自己內心的活動，也更敏銳於神的帶領。

總結

對於學習聆聽我們的好牧人耶穌基督的聲音，辨別諸靈是個十分重要的操練。就如詩篇二十三篇的作者的經驗，他如何體會耶和華是他的牧者？如此重大的領受，是如何得來的？就是藉著兩種經驗：一種是在「青草地、溪水旁」（2 節）的經驗，另一種是在「死蔭的幽谷」（4 節）的經驗。若以依納爵的屬靈操練來看，前者來自安慰的靈，而後者則是來自枯乾的靈的考驗。但不論是哪種靈的影響，詩人堅守在他的牧者的身旁，留守在牧者的杖和竿之下，他就能夠辨別出神的旨意和祂的帶領，能夠跟從他的主，歷盡生命的甘甜或苦澀，一直走回家，到神的殿那裏。作為牧者的羊，他必定能夠辨別出牧者的聲音，即使這聲音可能常被其他聲音蓋過，但他仍然可以在眾多聲音中把它辨認出來。這是經過長時間相處、學習、訓練而成的，是一種獨特地存在於羊與牧人之間的默契。

人世間眾多聲音之中，甚麼聲音最能吸引你？如果我們聽不見神的聲音，辨認不出祂慈愛的呼喚，我們怎樣能夠跟隨祂？

好牧人認得祂的羊，盼望祂的羊也能認得祂的聲音。

禱告

我靈魂的牧人，願祢的聲音吸引我，使我更緊靠祢。又求祢賜我敏銳的觸覺，能辨別祢的聲音。阿們。

思考問題與實踐

❶ 你曾有過神慰或神枯的經驗嗎？請細心回想當時的感受或反應。

❷ 為何辨別神聲音的操練是如此重要？

❸ 你願意實踐學習辨別神的聲音嗎？其中會有甚麼困難？

12

總要察驗主的旨意如何
屬靈辨識的操練（三）

以弗所書五章 8 至 20 節

聞說富有航海經驗的人對氣候變化的觸覺特別敏銳，甚至只要用舌尖嘗嘗海浪的味道，就會知道天氣將有甚麼變化。

人生如大海，在這人海中航行時，我們憑甚麼來確定人生的正確方向在哪裏？這就是屬靈辨識的操練訓練我們學習的。屬靈辨識的操練除了幫助我們認識自己內心的動機和意念，幫助我們對神的同在及作為有更敏銳的觸覺，還能幫助我們在人生種種情況中辨別神的旨意，以致作出正確的、合神心意的決定。

從聖經看起

一顆渴望知道神旨意的心，是信徒生命的標記，除非我們甘於平淡，甘於過著渾渾噩噩的信仰生活，否則我們必定想知道，到底神對我有何旨意和計劃。當我們走到人生重大關頭，面臨人生重要抉擇時，我們會想知道，神到底會帶領我們走哪條路。

以弗所書的作者十分注重這事。在教導信徒如何實踐基督的信仰，如何把對基督的認信轉化成生活內涵時，他有這重要的提醒：「總要**察驗**甚麼是主所喜悅的事。」(弗五 10) 然後又說：「不要作糊塗人，要**明白**主的旨意如何。」(17 節)

從「察驗」和「明白」兩個動詞，我們知道明白神的旨意需要我們運用理性思考和分辨的能力，而不是單憑主觀的直覺和想像。

甚麼是察驗？察驗有兩方面的意思：(一) 就某事進行試驗；(二) 接受測試的結果。兩者都假設小心謹慎的檢驗，所牽涉的不只是思考，也包括用眼、用手，甚至某些工具。有學者更指出，察驗所假設的並不是一個完全機械化的過程，反而是假設了在檢驗者和受檢驗的事之間，存在著互動而有機的關係。因此，有學者將「察驗」翻譯為「以實踐 (或經驗) 找出」(“to find out by experience”)。總括而言，察驗是指一個牽涉理性、意志、情感、行動、全人投入的過程。

甚麼是明白？與「察驗」一樣，明白也指理性思維活動。在這段經文中，明白與察驗是互相呼應的，所以同樣包含了實際的體驗。其次，明白是一個延續不斷的過程，因為明白的目標是神的旨意，所以無可避免地是不斷演進的。第三，信徒怎樣可以明白？就是透過聆聽，所以敏銳的屬靈聽覺十分重要。

作者是在甚麼處境下勸勉信徒要察驗和明白神的旨意？大前提是在現實社會中生活，信徒的行事為人要與所蒙的呼召相稱（弗四 1）。這是很重要的提醒，當信徒要作個人的決定，或要作道德上的抉擇時，神的旨意要成為他的導引。所以，當作者談論如何作「光明的子女」（五 8）時，他對信徒的勸勉就是要「察驗甚麼是主所喜悅的事」（10 節）。當談論到信徒要「謹慎行事，不要像無知的人，要像智慧的人」（15 節），他提醒信徒「要把握時機，因為現今的世代邪惡」（16 節），對信徒的吩咐是「要明白主的旨意如何」（17 節）。

總括一句，在一個邪惡的世代裏，引領信徒行走信仰的路，過信仰生活的，是神的旨意。明白這旨意，給信徒有分辨的能力，作出正確的人生抉擇，與主同行。

個人和羣體的例子

作為屬靈的操練，尋求神的旨意可以在個人和羣體，如小組、議會等的層面上進行。

在個人層面，耶穌的母親馬利亞是個很好的例子。她初次聽見天使宣告她要「懷孕生子」時（路一 30～33），她即時的反應是疑惑（34 節）。馬利亞本能地進入了理性分辨的「操作模式」中。這疑惑如何消除？天使向她提了三點：（一）這是聖靈的工作（35 節）；（二）同樣不可能的事，已經發生在伊利莎白的身上（36 節），可以作為具體證據（material evidence）；（三）神的話語是帶有能力的（37 節）。然後，馬利亞就順服在神的權柄下，接受這事（38 節）。但事情還未完結，因為馬利亞立刻動身，去到伊利莎白的家看個究竟（39 節）。她的順服和信心沒有禁止她尋求這旨意的確據，這也是一個理性操作的模式。馬利亞到達後，一進伊利莎白家門所發生的事，把她內心可能仍然存在的疑惑一掃而空。因為當伊利莎白聽到馬利亞向她問安時，她腹中的胎就跳動（41 節），而伊利莎白還沒有等馬利亞說明來意，就受聖靈感動，立刻宣告馬利亞「所懷的胎是有福的」（42 節）。在這些現場情況的印證下，馬利亞可以完全肯定，發生在她身上的事確實是出於神的旨意。

在馬利亞這個察驗神旨意的過程中，信心和順服當然是決定性的因素，但我們看見，馬利亞並沒有放棄理性的分辨。整體而言，在神的旨意主動向她彰顯的前提下，我們看見她所作的決定，過程中包括以下元素：**神的話語**，藉天使宣告；**物質確據**，就是伊利沙白的身孕；**環境上印證**，伊利沙白對問安的反應；**個人的感覺和體驗**。難怪在新約中，馬利亞的形象最鮮明的一點，是她經常將發生的事放在心裏，反覆思想（路一 29，二 19、51）。

在羣體的層面，使徒行傳中有很多信徒羣體尋求和認知神旨意的例子，其中之一是耶穌升天後使徒所作的第一個決定，為猶大的空缺進行「補選」（徒一 15～26）。開始時，使徒先提出，在當前的一刻必須做的事，就是選出一人代替已死去的猶大（21～22節），並且從聖經的預言來解釋為何有這需要（16～20節）。接著，他們為這人選定下了一些先決條件（20～22節），有約瑟和馬提亞獲推舉（23節）。眾人一起禱告，接著用抽籤的方法，選出了馬提亞（26節）。

在這個羣體尋求神旨意的例子中，我們看見他們以聖經的話語來解釋所發生的事的意義何在：「聖經的話必須應驗」（徒一16），顯明所發生的事除了出於人意，神的旨意也牽涉其中。在這理解的基礎上，確定了有何需要，並且具體而準確地把這需要表達出來（21～22節）。他們如何知道這需要是神的旨意？在沒有先例的情況下，他們的理據，是耶穌自己的榜樣（21～22節），選召了十二門徒；為尋求神的旨意定出範圍（21～22節），在禱告後進行的（24～25節）。事實上，使徒是在聚會中提出這事，然後一起踏上這段察驗和明白神的旨意的旅程。還有值得注意的，是整個過程中，必然牽涉了一定程度的商討和意見的交流，然後由彼得作初步結論，再由他帶領其餘有關人士進入決定的過程。

在這過程中，我們看見牽涉其中的，有以下的元素：（一）禱告是整件事的框架；（二）以聖經話語的亮光為前提；（三）以耶穌自己的榜樣為指示；（四）有明確的目標；（五）有明確的原則和範圍；（六）使用合宜的方法，並非投票，而是抽籤。

以上的例子讓我們看見，尋求神的旨意並不是一個純粹主觀，或完全神祕（mystical）的過程，也不是講求共識，或以大多數人的意願（民主）作出的決定，而是一個結合了理性、禱告、靜思、討論和交流的過程。

尋求神的旨意

明白了這些原則，如何實踐？在這方面，依納爵辨別諸靈的操練起了重要的作用。它不單幫助人對神的同在及運行有更敏銳的觸覺，也幫助個人、小組，甚至整個教會羣體，一同尋求和辨別神的心意。對教會生活、合一，以及治理和決策上，有重大的作用。事實上，在西方教會傳統中，有某些教會羣體，如貴格會（Quakers）及門諾會（Mennonites），都採用類似的實踐，作為教會決策的方式。

若要實踐的話，可以如何進行？我們可參考下文的模式。按照這模式，我們可以把作決定的過程劃分為十個步驟，分四個階段，以撒種收割的過程作為類比：（一）選擇種子；（二）播種；（三）培育和（四）收成。這些步驟可個人應用，也可以在羣體，包括小組、會議，甚至全教會應用。步驟似乎很機械化，但實際上，這十個步驟結合起來就是一個禱告，目的是探索、尋求神的旨意，最終的目的是要順服和遵行神對我們個人和教會整體的旨意。[1]

會眾制的教會習慣以民主投票或舉手的方式進行決策，假設了多數派（majority）的聲音是比較貼近聖靈的聲音。此外，也是相信多數派的意見主導下，可以杜絕個人主義，有監察和制衡的作用。這些都是可取的，但作為教會，我們也應該學習在禱告中尋求神的旨意，尤其是在一些重大的、方向性問題上。雖然在一般事情上，以我們慣用的方法作決定是無可厚非的，但當教會要作出方向性的決策時，必須加入禱告的元素。

選擇種子

1. 聚焦（framing）：定出目標。假設使徒需要選一人代替猶大時，他們可能會定出這目標：「主啊，誰能代替猶大？」

播種種子

2. 基礎（grounding）：定出引導探索的原則。這原則可能是曾經與耶穌及使徒同出入的人。
3. 去除（shedding）：去除包袱。信徒要檢視自己，思考若要讓神的靈自由地工作，個人先要去除或放下些甚麼。在依納爵的屬靈操練中，這是第一個要進行屬靈辨識的地方，檢視自己的心是否單純以神的旨意為焦點。若以使徒為例，所定的原則明顯會嚴格限制了個別使徒的喜好，而所採用抽籤方法，也排除了個人因素。在使徒的例子，可能他們要去除的是個人的喜好或交情的因素等。

4. 扎根（rooting）：聖經的光照。在這階段，信徒需要從聖經中找出對應這決定的經文、主題、圖像等。我們看見，使徒的思考和決定，以耶穌自己的榜樣為依歸。

培育種子

5. 聆聽（listening）：聆聽神的聲音、歷史的聲音、社區的聲音、邊緣的聲音等。這過程可能包括資料搜集。信徒在這時候需要進入禱告中，為所尋求的事向神禱告，並且要在禱告的過程留意內心的感覺，是平安、坦然，還是有不安、焦慮。禱告後，成員分享經驗。
6. 探索（exploring）：在指導原則的範圍內，有何可行的方法或途徑可供選擇？每提出一個方法，都要仔細思考其中的可能性、可能遇見的困難、有甚麼可運用的資源等。
7. 改進（improving）。嘗試改善每個方案，使它更臻完善。若是一個羣體的處境，在這階段，共識可能開始形成。

圓滿收成

8. 衡量（weighing）：開始形成選擇。信徒所要回答的問題，就是「神的靈帶領我們選擇哪個方案」？回答時可以運用依納爵辨別諸靈的方法。在過程中，我們所經歷的是安慰的靈，我們感到神正呼喚我們嗎？還是枯乾的靈，我們感到正離開神？

9. 總結（closing）：作出決定。
10. 歇息（resting）：讓所作的決定在內心沉澱，我們反問自己：此刻所經驗的是安慰的靈，還是枯乾的靈？我們是否能夠坦然？還是仍有點忐忑不安？我們是否肯定這就是神的旨意，不多、不少、更沒有其他（nothing more, nothing less, nothing else）？即使在這階段，也不一定要作出最終的決議，而是可以把這決定放在內心中，聆聽聖靈的聲音，若能問心無愧，才作決定。

明顯地，以上所勾畫的，是把屬靈操練與管理學結合起來的方法。它包括理性的分析和思考，對聖經教導的重視，以及誠懇的禱告。這結合讓我們看見一點，就是教會的決策過程不一定是由規條或章則主導，也不一定是僵硬冷冰冰的。而屬靈操練，特別是禱告，並非不可以與制度和規條融合的。

總結

美國總統奧巴馬（Barack Obama）成功連任之時，紐約股市即時下跌了三百點。似乎他的連任是個危險的訊號，令投資者覺得對美國經濟會有負面影響。從事投資的人對世事轉變十分敏感，只要稍有風吹草動，就立刻作出應變，減低風險。當法利賽人和文士要求耶穌為他們顯神蹟時，祂這樣說：「傍晚天發紅，你們就說：『明日天晴。』早晨天色又紅又暗，你們就說：『今日有風雨。』你們知道分辨天上的氣象，倒不能分辨這個時代的神蹟。」（太十六 2～3）甚麼是「這個時代的神蹟」？就是耶穌的降臨，但法利賽人和文士沒有所需要的洞察力，以致他們錯失了這重大的、奇妙的神蹟。

這是我們的寫照嗎？對世事，如潮流、投資趨勢、政治風氣，我們可以瞭如指掌，但對最重大的神蹟耶穌基督，並祂對我們所存的旨意，卻茫無頭緒。

我們願意知道和明白神在我們身上有何旨意嗎？作為一間教會，我們渴望、想知道神正在如何引領我們往哪個方向走嗎？請靜心聆聽基督對我們的呼喚：「不要作糊塗人，要明白主的旨意如何。」（弗五 17）

讓我們一同學習辨別神旨意的操練，以致我們可以與神同行。

禱告

智慧的主，幫助我有一對聆聽的耳朵，一顆柔順的心，以致我能謙卑地跟隨祢。阿們。

思考問題與實踐

❶ 在你的信仰歷程中，你對神在你身上的旨意有何體會？

❷ 在你的經驗中，尋求辨別神的旨意時的最大考驗是甚麼？

❸ 你願意學習聆聽聖靈的聲音嗎？

13

為要使你們分辨潔淨的與不潔淨的
緊密與主同行

利未記十一章44至45節；但以理書一章8至13節

香港人的健康出了問題。在二○○一年一項由港大醫學院進行的研究，發現香港人的身體健康狀況只僅僅合格。若以十分為健康指數的滿分，港人只得六點一一分。[1] 至於精神健康方面，情況也類同。若以一百分為精神健康指數的滿分分數，有百分之三十五的港人不合格，其中男性得分較女性低，而介乎三十五至四十四歲人士所得分數，較其他年齡組別的低。[2]

身體健康出現問題，我們都很在意，要立刻補救，但倘若屬靈生命出現了問題，我們在意嗎？在這個世俗化的社會中，在面對信仰的挑戰、物質的引誘時，能助我們站立得穩的，是屬靈生命的操練。

這就是敬虔生活的重要。站在聖經的立場，敬虔生活的目標、目的，總結在「聖潔」這觀念中。聖潔似乎給人一點冰冷的感覺，看似高不可攀。但事實上絕非如此。聖潔是每個人都可以達到的目標，不然，神就是與我們開玩笑了。

食物的禁誡

敬虔生活是聖潔的開端，我們可以從食物說起。

食物在以色列人敬虔的操練中，有著和發揮了重大的作用。在神對以色列人立約的要求中，其中一項是食物的禁誡。這些禁誡與追求聖潔生活的操練是相關連的，其中有何值得學習的重點？

對這規條最詳細的表述，是利未記十一章，經文把全地上的生物分為兩類：潔淨的和不潔淨的。潔淨的生物是可以作為食物的，不潔淨的生物不能用來作食物。作者記載的方式十分有系統，條理分明。他把所有生物按活動範圍和活動的方式，分成三大類：（一）地上行走的動物（2～8節）；（二）在水中浮游的生物（9～12節）；（三）空中的飛鳥和昆蟲（13～23節）。在每類生物中又再分劃出可吃的和不可吃的。記錄地上和水中生物時，作者先記錄可吃的（3、9節），再記錄不可吃的（4～8、10～12節）。而記載飛鳥和昆蟲時，作者先列舉大原則（「都是可憎的」，13、20節），然後列出例外的項目。在飛鳥中，只列出不可吃的（13～19節），暗示不在其列的就是可吃的；在昆蟲中則相反，只記錄可吃的（21～23節），暗示沒有記錄的，都是不可吃的。

當我們明白了這記載的鋪排，再細讀這些禁誡時，就會察覺到在食物的種類上，以色列人受著很大限制。耶和華沒有將這些規條應用到全人類身上，只應用在以色列人身上，為甚麼？惟一的原因，就是在全地上只有以色列人是蒙揀選與神立約的百姓，這些規條代表神向這百姓獨特的要求。

其實，在這些規條的背後，有很多值得我們深思的教導，與敬虔生活關係密切：

第一，是**對生命的尊重**。經文提醒讀者，絕對不能因人的需要而濫殺生命，即使神使地上的生物都在人的權柄之下（參創九 1～3）。這就是經文中形容，所有不能用來作食物的生物為「不潔淨」和「可憎的」的用意。這些形容詞所表達的，並不是這些動物本身有缺憾、外型可怕、或本身惹人厭惡和反感；這些形容詞並不針對這些動物本質的好壞。事實上，神所造的都是好的（一 21、25、31）。聖經作者用這些形容詞，其實是要保護這些動物。原因很簡單，因為一旦被標籤為「不潔淨」，以色列人就不能觸碰牠們，不能獵殺牠們，更不能傷害牠們。所以，這些規條其實有保護的作用，目的是教導人要尊重生命。從今天人對食物的立場來看，這教導其實是十分適切且重要。

另一方面，為甚麼經文不容許人因為食物而「玷污」自己，使自己成為「不潔」？原因與環境衛生和食物衛生沒有關係。真正的原因關乎信仰的實踐：**人的身體有如聖**

所一般，所以不能因任何原因使這聖所成為不潔，而成為聖潔，是敬虔生活最重大的目標。根據人類學家道格拉斯（Mary Douglas）的分析，經文的陳述中有一重大的假設，就是身體與聖所中的祭壇有類比的關係。[3]如祭壇必須保持聖潔，人的身體也同樣必須保持聖潔。因此在這大前提下，人的身體如祭壇一般，能作食物的牲畜，才能用來獻祭，不能作食物的，也不能獻在祭壇上（參創七2，八20）。

第三，把全地的生物分為兩類，有更深層的意義。經文所反映出來的，是一個以神學為基礎的宇宙觀。根據這宇宙觀，**整個宇宙的建立和維持，是基於一些很基本的劃分或分別**：光與暗的劃分、上與下的劃分、海洋與陸地的劃分（創一1～10）。對宇宙的秩序來說，這些劃分是最基本的，是不可能撤消或混亂的。若一旦撤消了，結果就是黑暗、混亂和死亡。所以，就作者對宇宙的理解，這是很重要的一點。這宇宙觀對我們理解「揀選」這觀念有很大幫助，因為揀選本身就是一種劃分，被揀選出來的，是從周圍的環境中被分別出來，而被分別出來的，有責任在生活的每個環節中維持這被分別出來的身分。另一方面，「分別」（separation）這觀念與聖潔是息息相關的，因為聖潔就是被分別出來的意思。所以，當神呼召以色列人要聖潔像祂時，實踐的途徑之一，是在生活最基本的需要上嚴守這「分別」的要求。

經文把這宇宙觀應用到人的生活中，教導我們明白人的生命和身體，好像一個小宇宙一樣，其建立和存在也基於一些必須持守、不可違背的分界。這些看來奇怪、僵硬的規條，其實教導信徒如何實踐聖潔的生活，如何把敬虔融入日常的生活中。

這「分別」的觀念，幾乎可以用來解讀舊約歷史書中所記載的以色列歷史。因為整個歷史都以這觀念為軸心：當以色列人知道自己與迦南人的分別時，他們就能活著；當他們忘記了自己與外邦人的分別時，就是死亡。

敬虔的操練，就是要讓以色列人更清晰明白這立約的身分，也對身分更加敏銳。

但以理的持守

這些規條能塑造出怎樣的屬靈品格？但以理書提供了一個很好的例子，讓我們明白和感受這些規條的威力。

這卷書揭開序幕的時間，猶大國正被巴比倫帝國所統治。面對一個極權、強大的軍事強國，看來猶大人將無可避免失去自己獨特的身分。但奇妙的是幾個來自猶大的青年人，卻可以有效地抗拒異國的風俗，在本身的立場上站穩，起了立竿見影的作用。他們怎麼能夠這樣做到？原因就是他們在一個不友善的環境中，仍然持守本身的信仰；在一個滿有張力的處境中，持守本身敬虔生活的操練。這操練包括定時的禱告（但六章），以及食物的禁誡。這正是但以理書的記載的意義。

當猶大亡國後，巴比倫的君王尼布甲尼撒頒下命令，要從被擄的各國各民中，揀選一些有潛質的青年人進入王宮受訓，並賜他們享用王帝自己所用的食物（但一 5），為期三年。結果如何？但以理拒絕接受這賜予（8 節），反而向管理他們的官員建議以十日為限，讓他們只吃「素菜」（12 節），若有任何異樣，但以理願意接受任何處分（13 節）。結果是但以理等人沒有因為只吃「素菜」，在健康或身材上比不上其他享用王膳的人。

但以理選擇「素菜」，這並非像現代人為各種個人或物質的理由而作的生活方式的選擇。他所作的是一個信仰的宣告和政治的告白，即他不會因為本身弱小而為生存作出妥協，食物的選擇成了這宣告的平台。結果，我們看見一個很有趣的情況出現，就是在作為巴比倫權力核心的王宮中，有幾個被擄百姓中的青年人，正在進行顛覆活動，以食物作為「武器」，來顛覆巴比倫的統治、巴比倫的轄制和巴比倫的文化。從社會處境看，他們正受巴比倫的官僚的訓練，準備將來服事巴比倫的政權，他們的名字被改成了巴比倫的名字，相信服飾等也換上了巴比倫的款式，因此從外貌上看，他們是被「巴比倫化」了。但他們的內心沒有改變，不論外在環境因素和條件如何，在胸膛內跳動的，仍然是一顆以色列人的心，仍然是一個與神立約者的心。他們如何保持這心的專一和純正？就是憑著持守敬虔生活的操練，回應神所發出、要過聖潔生活的呼召。

但以理的故事告訴我們一個很重要的信息：雖然我們

無法逃避在世界中生活，不可能迴避這世界裏的種種張力，在工作、生活、學習等各方面，都無可避免要按著世界的遊戲規則而行，但我們的心所歸向的，是我們可以作主的。藉著操練敬虔的生活，我們可以在這混濁的世界中與主同行，我們可以在世界各樣的紛亂中分辨出主的聲音，被祂吸引和牽引。

耶穌的要求

食物與敬虔生活的關係，從耶穌的一段教導中，可以清楚看見。

馬可福音七章 1 至 15 節中記載了一件事，與食物有關。事緣有人看見耶穌和祂的門徒用「不潔淨的手，就是沒有洗的手吃飯」(2 節)，這事必然被視為大逆不道。因著此事，有「法利賽人和幾個從耶路撒冷來的文士聚集到耶穌那裏」(1 節)，質問耶穌。甚麼是「不潔淨的手」? 為何猶太人如此重視吃飯要先洗手？個人食物衞生上的需要只是次要的原因，最重要的是禮儀上的要求，而在禮儀要求的背後，是一個追求聖潔的渴求和需要。

在猶太人中，能作祭司的只有少數，但從被擄時期開始，有一個觀念開始形成，就是雖然一般平民百姓不是祭司，但他們都應該追求祭司式的生活，要分別為聖。因為祭司每逢進入聖所供職前，必須先用水洗手和洗腳，所以猶太人開始形成一個習慣，在吃飯前先洗手。這是個小小的動作，卻是意義重大。以色列人因為沒有按神所要求的過聖潔的生活，以致南北兩國先後滅亡了。因此在以色列/猶太的觀念中，聖潔有最重大的意義。不只對於個人，更在民族歷史中。在生活的小節流露出這對聖潔的重視，就是飯前洗手這小動作所要培養的，目的是要讓所有平民百姓都知道聖潔和敬虔的重要，不要重蹈歷史的覆轍。

為甚麼耶穌和祂的門徒沒有這樣行？福音書的記載中沒有交待原因，但從耶穌的反駁中，可以看見當時的猶太人已經忘卻洗手真正的原因（可七4）。這動作變成了一些空洞的規條，洗手吃飯的人依然行不義，內心依然充斥著各樣惡念邪念（20～23節），以致他們徒有敬虔的外表，沒有真正敬虔的內涵，陷入了以「嘴唇敬拜」（6節）的謬誤中。

耶穌就法利賽人和文士的質詢所提的回應，清楚地反映這點：「從外面進去的不能玷污人，惟有從裏面出來的才玷污人。」（可七15）站在馬可福音的立場，這句話的重要性十分深遠，因為若把這話的含義推到最盡，最終可以把整個舊約有關食物的規條廢除了。對馬可福音的讀者，即初期教會的信徒來說，可吃和不可吃的分別已經失去了重要性，但這情況不等於他們的生活就不受約束。相反，耶穌把更高的要求加在他們身上（20～22節）。這樣我們就明白，為何耶穌沒有像眾人一樣，恪守吃飯前洗手的操練。一方面，耶穌的降臨把新的時代帶進歷史中。另一方面，在基督裏，我們要接受更嚴格的要求，就是生命的聖潔。

這就是敬虔生活操練的目的：把外在與內在連成一體，不會只注重外在的行為，而忽略了內在屬靈生命的塑造。當然，敬虔生活中最重要的，是建造內心屬靈的品格，但外在的行動也是必須的，兩者形成一個互動的關係，互相帶動、牽引。

敬虔生活的目標

聚沙可以成塔，所以若要操練敬虔生活，就要由生活中最基本的層面做起。在利未記的構想中，這層面是食物，現在時代雖然不同了，但這構想仍有應用的意義。試問在一個人的生活中，有甚麼是比食物更基本的呢？一個人每天花多少時間在食物上？一個人為食物可以花多少心思？食物的確可以佔據我們大部分時間的思想。但話說回來，我們的學習和實踐，著眼點當然不在食物的本身，而是在敬虔的出發點上。

這正是利未記所教導的敬虔生活的模式，以食物為起點（十一章），然後在十二至二十五章中，將範圍擴大至涵蓋個人和羣體生活的每個範疇和層面。從個人身體的狀況、身上所穿的衣服、居住的範圍和環境，到家庭的關係、婚姻的聖潔、土地的管理、分配和應用，亦即整個經濟架構和制度。不論在甚麼範疇，不管是小至個人，大至民族公義，每個人的生活和所作的決定，其出發點與人選擇食物的出發點，是完全相同的，就是要追求聖潔，像耶和華一樣聖潔。每個環節和範疇，都由聖潔生活這目標來帶動。

有學者形容利未記內容的編排如聖所一樣，若這推論是正確的話，這就很有意思了。的確，正如保羅所教導的，我們的生命包括屬靈的生命和物質的生命，就是一座聖所，必須保持潔淨。這是敬虔生活的目標，也是神對我們每個信徒的呼召：「你們要使自己分別為聖，要成為聖，因為我是神聖的。」（利十一44）神呼喚我們，是想我們更緊貼著祂，與祂更緊密地同行。

讓我們一同回應這呼召，一同行走這敬虔之路。

禱告

聖善的主，孩子渴望與祢更緊密地同行。主啊，幫助我、扶持我，以敬虔的心走在成聖的路上。阿們。

思考問題與實踐

❶ 你能說明利未記十一章在屬靈生活上的意義嗎？
❷ 在你的經驗中，追求成聖生活的最大攔阻是甚麼？
❸ 你願意立志操練敬虔嗎？

註釋

1 敬虔生活的操練

1. 杜大偉：〈瘋狂的世代〉，《明報》，2011 年 7 月 15 日。
2. 見《經濟日報》，2011 年 12 月 12 日報導。
3. 轉載自傅士德：《屬靈操練禮讚 —— 靈性增長之道》，增修本，周天和譯（1993；重印，香港：香港基督徒學生福音團契，2013），頁 9。版權為香港基督徒學生福音團契有限公司所有，承蒙允許使用。
4. 見《明報》，2011 年 8 月 2 日報導。
5. 見《明報》，2011 年 6 月 18 日報導。

2 進入與主的同在

1. 參 Richard J. Foster, *Streams of Living Water: Essential Practices from the Six Great Traditions of Christian Faith*（New York: HarperOne, 2001）。
2. 見《明報》，2010 年 8 月 17 日報導。
3. 見《明報》，2010 年 9 月 9 日報導。

3 默想的操練

1. 袁蕙文：《MAP 默觀禱告入門》（香港：浸信會出版社，2009），頁 6 ～ 7。
2. 袁蕙文：《MAP 默觀禱告入門》，頁 4。

4 禁食的操練

1. 見《明報》，2012 年 5 月 28 日報導。
2. Thomas à Kempis, *The Imitation of Christ*（New York: Vintage Books, 1998）, 13。筆者譯。

5 簡樸的操練

1. Michael J. Sandel, *What Money Can't Buy: The Moral Limits of Markets*（London: Penguin, 2012）, 3, 5。筆者譯。
2. 參傅士德：《屬靈操練禮讚》，增修本，頁 108 ～ 113。

6 獨處的操練

1. 菲力浦．科克：《孤獨》，梁永安譯（台北：立緒文化事業，2010）。
2. 見無線電視節目《星期二檔案》，2012 年 7 月 31 日。
3. Richard J. Foster, *Celebration of Discipline: The Path to Spiritual Growth*（New York: HarperCollins, 1998）, 98。筆者譯。
4. Kempis, *The Imitation of Christ*, 13。筆者譯。

7 服事的操練

1. 見《明報》，2012 年 3 月 12 日報導。
2. "True service comes from a relationship with the divine Other deep inside." Foster, *Celebration of Discipline*, 128。筆者譯。
3. 傅士德：《屬靈操練禮讚》，增修本，頁 157。
4. Foster, *Celebration of Discipline*, 134 ～ 140。筆者譯。

8 認罪的操練（一）

1. 參 Annemarie S. Kidder, *Making Confession, Hearing Confession:*

A History of the Cure of Souls（Collegeville, Minnesota: Liturgical Press, 2010）, 328 ～ 329。Copyright 2010 by Order of Saint Benedict. Published by Liturgical Press, Collegeville, Minnesota。Used by permission。
2. 席慕容：《邊緣光影》(台北：圓神出版社，2006)，頁 28～29。
3. Søren Kierkegaard, *Purity of Heart Is to Will One Thing: Spiritual Preparation for the Office of Confession*, trans. Douglas V. Steers (New York: Harper & Row, 1948), 44～45.

9 認罪的操練（二）

1. 潘霍華：《團契生活》，鄧肇明譯（香港：基督教文藝出版社，2009）。
2. 參 Kidder, *Making Confession, Hearing Confession*, 331～332。Used by permission。
3. 參 Foster, *Celebration of Discipline*, 154～157。

11 屬靈辨識的操練（二）

1. 依納爵：《神操——通俗譯本》，侯景文譯（台北：光啟文化事業，2010），43 段。

12 屬靈辨識的操練（三）

1. Danny E. Morris & Charles M. Olsen, *Discerning God's Will Together: A Spiritual Practice for the Church*, updated edition（Hernden, Virginia: Alban Institute, 2012）, 60～61。承蒙允許使用。

13 緊密與主同行

1. 見《明報》，2011 年 12 月 22 日報導。
2. 見《星島日報》，2012 年 10 月 6 日報導。
3. Mary Douglas, *Levitious as Literature* (Oxford: Oxford University Press, 1999), 134。此外，文中「聖所」是指整個範圍及其設施，而聖所包括祭壇，因祭壇不會獨立於聖所以外。